101 Dinge,
die du unbedingt getan haben solltest,
bevor du 5 Jahre alt bist.

Sally Norton

101 Dinge,

die du unbedingt
getan haben solltest,

bevor du
5 Jahre alt
bist.

Lustige, skurrile und richtig eklige Sachen,

auf die Eltern vorbereitet sein sollten.

Aus dem Englischen von Hanna Devic

HERDER

FREIBURG · BASEL · WIEN

HERDER spektrum Band 7178

MIX
Papier aus verantwor-
tungsvollen Quellen
FSC® C083411

2. Auflage 2016

Titel der englischen Originalausgabe:
Sally Norton: 101 Things to Do Before You're Five, Viking 2010.
ISBN: 978-0-670-91794-5

Für die deutschsprachige Originalausgabe:
© Verlag Herder GmbH, Freiburg im Breisgau 2011

©Verlag Herder GmbH, Freiburg im Breisgau 2014
www.herder.de

Umschlaggestaltung: Christian Langohr
Umschlagmotiv: © Joe Berger

Illustrationen: © Joe Berger
Satz: Arnold & Domnick, Leipzig
Herstellung: CPI books GmbH, Leck

Printed in Germany

ISBN 978-3-451-07178-2

Für George und Kate und in Erinnerung

an meinen wunderbaren Papa, Ray Norton.

Einleitung

Herzlichen Glückwunsch, du bist auf der Welt! Lieg jetzt aber nicht nur glucksend in der Gegend rum. Du hast so einiges zu tun, bevor du fünf wirst und ab in die Schule musst. Um genau zu sein, musst du vorher 101 Dinge machen.

Noch bist du klein, aber im Nu wirst du durch die Tore einer Hochschule laufen. Du wirst das Wort „Urlaub" für deine Eltern neu definieren und dich zu einem hochentwickelten Menschenkind entfalten, das jede Auseinandersetzung ganz einfach mit drei Wörtern gewinnt – „nein", „nein" und nochmals „nein".

Manchmal wird dir die Reise von der Wiege bis zur ersten Klasse Angst einjagen oder dich völlig verwirren. Mach dir deshalb aber keine Gedanken – viele Menschen befürchten, mit dem Badewasser den Abfluss heruntergespült zu werden, und du wirst nicht das erste Kind sein, das sich eine Schüssel Müsli über den eigenen Kopf kippt.

An anderen Tagen wirst du mit den Dingen spielend fertig. Du wirst Fingermalereien von einer Güte anfertigen, dass deine Eltern in Erwägung ziehen, sie bei Ebay als Bilder „im Jackson Pollock-Stil" zu verkaufen, oder ein solches fußballerisches Geschick an den Tag legen, dass sie alsbald überzeugt sind, den nächsten David Beckham vor sich zu haben.

Nur eines ist sicher – dass die Zeit schneller vergehen wird, als man sich's hätte träumen lassen, und plötzlich bist du fünf Jahre alt. Wisse diese Zeit also zu schätzen. Kugel dich so viele Hügel herunter wie möglich, spring in jede Pfütze, ob du

Gummistiefel anhast oder nicht, und putz deine Rotznase grundsätzlich an Mamis Rock ab. Denn bald wirst du Spiel und Spaß der ersten fünf Jahre hinter dir lassen und in der Schule ganz neuen Abenteuern ins Auge blicken.

Nutze den Tag, leb dein Leben in vollen Zügen und hab Spaß, so lange sich die Gelegenheit bietet!

IM ALTER VON 0 BIS 1 JAHR

DIE ANFÄNGE DES BABYTUMS

Beim Start in dein erstes Jahr wirst du weder deinen Kopf selbst halten noch Papi von einem Kleiderständer unterscheiden können. Das ist aber noch lange kein Grund, bloß faul herumzuliegen und Milchblasen zu pusten. Wenn du dich nicht ranhältst, bist du plötzlich ein Jahr alt und trauerst allen möglichen verpassten Dingen nach.

Jetzt, wo du auf Mamis Schulter sabberst, kann man sich's kaum vorstellen, aber eines Tages wirst du erwachsen sein und arbeiten gehen – vielleicht wirst du Lehrer oder Arzt, oder ein Richter am Obersten Gerichtshof, der Leute ins Gefängnis schickt. Vielleicht entpuppst du dich sogar als Popstar, Fußballer oder als der Dalai Lama!

Wenn du jetzt ein paar ganz wesentliche Ziele erreichst, befindest du dich schon auf der Straße zum Erfolg – aber denk dran, du hast nur zwölf Monate Zeit. Verlass dich nicht auf Mamis und Papis Hilfe. Wenn du ihr erstes Kind bist, haben sie in diesem Stadium viel zu große Angst davor, allein deine Zehennägel zu schneiden, geschweige denn dir zu zeigen, wie du dich vom Badezimmervorleger in die klitzekleine Lücke hinterm Klo rollen kannst, wenn sich der Erwachsene gerade nach einer sauberen Windel umdreht; und wenn sie alte Hasen im lustigen Erziehungsgeschäft sind, sind sie viel zu beschäftigt, ihre Großen davon abzuhalten, das Haus zu verwüsten, als dass sie dir zeigen könnten, wie man den lautesten Pups der Welt fabriziert.

Also, auf geht's! Du musst es durch zwölf saubere Strampel-anzüge täglich schaffen, mindestens ein Dutzend Mahlzeiten in der Woche wieder von dir geben und versuchen, ein biss-chen zu zahnen. Wenn du genug Schneid hast, kannst du das alles vollbringen, bevor du die Kerze auf deinem ersten Ge-burtstagskuchen ausbläst. Viel Erfolg!

Aufwachen, weil Mami nachsieht, ob du noch am Leben bist

Du befindest dich mitten im schönsten Schlummer, träumst davon, wie du auf einem Strom aus Milch dahintreibst, und siehst über dir Wolken und lachende Gesichter vorbeiziehen. Da spürst du plötzlich etwas Kaltes, Gläsernes an deiner Nasenspitze. Du schlägst die Augen auf und siehst Mami, wie sie sich über dein Gitterbettchen beugt und ein besorgtes Gesicht macht, während sie einen kleinen Spiegel unter deine Nasenlöcher hält.

Schon seltsam, dass dieselben Eltern, die stundenlang die kompliziertesten Einschlafrituale vollziehen, um sicherzugehen, dass du tief und fest schläfst, dich gleichzeitig unbedingt sieben Mal in einer Nacht aufwecken müssen, um zu sehen, ob du noch atmest. Und als ob das nicht schon schlimm genug wäre, wollen sie dann auch noch, dass du sofort wieder einschläfst, damit sie die zweite Hälfte von *CSI: Miami* angucken können.

Genau wie Papi aussehen

Keine Sorge. Die meisten Babys sehen nach der Geburt eine Zeit lang aus wie ihr Papi. Und das liegt nicht nur am Seitenscheitel und am Fußballshirt.

In der ersten Zeit wird dir auffallen, wie sehr alle betonen, dass du die Augen vom Papa und die Nase vom Papa hast; vielleicht ist es in Wirklichkeit aber auch nur die Tatsache, dass du „immer eine Flasche in der Hand hast". Evolutionstechnisch gesehen wird dadurch bewirkt, dass der Vater glaubt, dass das Kind sein Kind ist, und es nicht tötet. Heutzutage bewirkt es, dass der Vater glaubt, dass das Kind sein Kind ist und weiterhin den Müll rausträgt.

Das ist gut und schön, wenn du ein Junge bist, kann aber ein bisschen peinlich sein, wenn du ein Mädchen bist und Papi ein Schwergewichtsboxer.

Wenn das der Fall ist, musst du einfach durchhalten, bis die Moppelphase überstanden ist und du mehr wie Mami auszusehen beginnst.

Merke: Wenn Mami eine Schwergewichtsboxerin ist, dann hast du ein gewichtiges Problem!

3 Einem Onkel mit dem Puls in deinem Kopf einen Schrecken einjagen

Nachdem ein Foto von dir und deinem stolzen, aber ziemlich verängstigten Onkel geschossen wurde, wirst du ihm einen unbehaglichen Moment lang zum Hätscheln überlassen, während Papi den restlichen anwesenden Familienmitgliedern eine plastische Schilderung deiner Geburt liefert. Wenn dein Onkel noch keine Kinder hat, ist das die perfekte Gelegenheit, ihn zu Tode zu erschrecken.

Als Erstes wird er im weichen Teil deines Schädels den Puls schlagen spüren. Natürlich hat sich niemand die Mühe gemacht, ihm zu erklären, dass die Knochen in deinem Kopf noch nicht ganz zusammengewachsen sind, dass die Lücke „Fontanelle" heißt und dass das alles völlig normal ist – er denkt, dass gleich ein Alien aus deinem Gehirn bersten wird. Jetzt schau ihn seltsam an – hier erweist sich dein Neugeborenen-Silberblick als sehr nützlich. Richtig verstören kannst du ihn, wenn du eins deiner Knopfaugen auf ihn und das andere auf den Fernseher richtest.

Wenn du spürst, wie sein Arm unter dir langsam einschläft, spiel deinen ultimativen Streich. Befreie eine Hand aus der Wickeldecke und ohrfeige dich selbst ein paar Mal kurz und kräftig. Brich in hysterisches Gebrüll aus und sieh deinen Onkel dabei klagend an. Er wird dich halten, als seist du eine Bombe, die jeden Augenblick hochgehen kann. Bis Mami kommt und dich rettet.

4 Eine irrationale Abneigung gegenüber einem Familienmitglied entwickeln

Du hast nach deiner Geburt so viel Besuch, dass du die einzelnen Personen kaum auseinander halten kannst. Manche von ihnen erscheinen durchaus reizend, aber am besten entwickelst du keine Vorlieben, bevor du nicht herausgefunden hast, wer in der familiären Hackordnung ganz oben steht – wie zum Beispiel Großeltern und andere Personen, bei denen die Wahrscheinlichkeit für teure Geschenke oder Babysitterdienste hoch ist.

Eins aber ist sicher – du wirst sie niemals alle mögen. Es ist schwer zu sagen, was genau es bei manchen Menschen ist – vielleicht ihr fleckiges Gesicht, oder die Tatsache, dass du sie nicht ins Zimmer hast kommen hören, sondern sie nur plötzlich hast dastehen sehen, in ihrem großen schwarzen Mantel mit ihrem großen schwarzen Bart.

Verschwende keine Zeit damit herauszufinden, was dir an ihnen nicht gefällt. Auch wenn Mami und Papi sagen „Hab keine Angst vor Onkel Michael, Mäuschen. Er wird dein Patenonkel" ...

SCHREI EINFACH ZETER UND MORDIO!

Mami wird dich vielleicht beruhigen wollen, indem sie dich an Onkel Michael reicht. Brüll immer weiter, bis der dich wieder zurückgibt.

Mami wird Onkel Michael zu überzeugen versuchen, dass du ihn wirklich magst, dass du eben einfach nur müde bist und Hunger hast. Aber wenn er gegangen ist, werden sie sich fragen, ob etwas mit ihm nicht stimmt – vielleicht sind Babys wie Hunde und erkennen instinktiv, wenn jemand böse ist? Vielleicht tust du das ja.

5 Wie ein Baby schlafen und die ganze Nacht aufbleiben

Wiege deine Eltern in den ersten drei Tagen nach der Geburt in falscher Sicherheit, indem du neunundneunzig Prozent der Zeit tief und fest schläfst. Mami und Papi werden dermaßen begeistert sein, dass du jetzt schon „durchschläfst", dass sie sich die Nacht um die Ohren schlagen, Filme gucken und Chips essen werden. Den Ratschlag anderer, nämlich „zu schlafen, wenn das Baby schläft", werden sie ignorieren, weil du ja ganz offensichtlich ein äußerst pflegeleichtes Baby bist.

Wenn die Freunde sich dann verabschiedet haben und auch Oma ruhigen Gewissens nach Hause gegangen ist, da sie ja nicht gebraucht wird, ist es Zeit, aufzuwachen. Und wach zu bleiben.

Du brauchst nun ungefähr sechs Monate, um den Unterschied zwischen Tag und Nacht zu begreifen. Mach dir deshalb aber keine Gedanken, es gibt jede Menge Sachen, die du machen kannst. Warum nicht die ganze Nacht aufbleiben und ...

* schreien, weil du Hunger hast?
* schreien, weil du Blähungen hast?
* schreien, weil du nicht auf den Arm genommen werden willst?
* schreien, weil du auf den Arm genommen werden willst?
* schreien, weil du müde bist?

Allmählich wirst du deine Einschlafzeremonie erkennen. Der Rollladen in deinem Zimmer ist heruntergelassen, die Spieluhr klimpert und Mami sagt zu Papi: „Hörst du bitte auf, dem Kind auf den Bauch zu prusten … das macht es wach."

Mami als Ghostwriter für deine Dankesbriefe anstellen

Für die Geschenke, die sie dir geschickt haben, erwarten die Erwachsenen Dankesbriefe, selbst wenn du noch zu klein bist, um einen Stift halten zu können, ohne dir damit ein Auge auszustechen. Gute Umgangsformen sind wichtig – wenn du der Tante nicht zügig einen Dankesbrief schickst, wird sie dir nie wieder etwas schenken, oder aber du bekommst Kleider. Das kannst du am besten umgehen, indem du Mami als deinen Ghostwriter beschäftigst. Und zwar muss sie Folgendes tun:

1. Den Empfänger mit Namen ansprechen, deinen Dank für das Geschenk aussprechen und noch eine freundliche Be-

merkung anfügen: „Liebe Tante Karen, vielen Dank für die Plastikrassel, die du mir geschickt hast. Die Beißspuren am Griff gefallen mir gut. Es ist so schön zu wissen, dass ich nicht das einzige Baby bin, das damit gespielt hat."

2. Schreiben, wie du das Geschenk zu verwenden gedenkst: „Ich werde es schütteln und am Griff kauen."

3. Immer mindestens drei Ausrufezeichen einfügen!!!

4. Eine Zeile hinzufügen, die den Schenkenden auf den neusten Stand über dich bringt: „Ich habe die ersten drei Lebenstage genossen und hoffe, bald Familienmitglieder wiedererkennen zu können."

5. Mit einer Erkundigung über den Schenkenden schließen: „Ich hoffe, dir macht die Arbeit im Wohltätigkeitsladen Spaß und du trinkst nicht so viel wie sonst immer."

Der Top-Tipp: Lass Mami ein Foto von dir beilegen, auf dem du das Geschenk in der Hand hältst. Immerhin hat Mami ja gerade ganz schön viel Zeit zur Verfügung, wo du doch fast immer schläfst.

7 Deine Fußabdrücke für die Nachwelt erhalten

Millionen von Eltern kommen auf die super-originelle Idee, einen Abdruck vom Fuß ihres Neugeborenen zu machen. Dann rahmen sie ihn ein und hängen ihn entweder ins Wohnzimmer oder schenken ihn Omi zu Weihnachten.

Wenn deine Eltern sich nicht die Mühe gemacht haben, ein Baby-Fußabdruck-Kit in die Krankenhaustasche zu packen, sollten sie sich schnellstens auf die Socken machen, denn deine Füße werden mit jedem Tag größer, und kleine Füße sind definitiv am niedlichsten. Welch ein Spaß wird es sein, deine riesigen Erwachsenenfüße mit den winzigen Babyabdrücken zu vergleichen – immer ein Hit auf 18. Geburtstagen. Folgende Alternativen stehen dir zur Verfügung:

* Lehm ist die Luxusvariante, weil er sich zwischen deinen Zehen so schön matschig anfühlt. Ist aber schwierig abzuwaschen und du wirst in deinen Söckchen noch wochenlang getrocknete Stückchen davon wiederfinden.
* Notfalls geht auch Tinte, allerdings wird sich Mami hier wahrscheinlich sorgen, ob es auch Bio-Tinte ist und ob sie deiner zarten Haut schaden könnte.

Und lass dir Zeit. Hat Leonardo da Vinci seine *Mona Lisa* in zehn Minuten im Kopierladen zusammengeklatscht? Nein. Er war Künstler, und das bist auch du. Genau genommen hast du es sogar schwerer, weil du es mit den Füßen machst. Starte so viele Versuche, wie du benötigst, selbst wenn es den ganzen Lehm auf Lager und die gesamte Tinte im Laden braucht. Es sind deine Füße und sie sind es wert, dass man sie gut trifft – selbst wenn es Mami und Papi am Ende dreimal so viel kostet.

8 Dein erstes Zahnfleisch-lächeln lächeln

In den ersten Wochen wirst du wahrscheinlich hunderte von Malen fotografiert werden. Im Folgenden einige der Bilder, die man von dir schießen wird:

* Du und Mami im Krankenhaus (sieht sie nicht müde aus?).
* Du in einem Plastikbettchen und Papi äugt hinein.
* Du in einer Decke mit der Aufschrift „Eigentum des Klinikums XYZ" (Papi hat vergessen, die handgemachte Babydecke aus Biobaumwolle einzupacken, die Mami für 60 Euro gekauft hat, als die Hormone verrücktspielten.)
* Du und der Opa.
* Du auf Omis Schulter.
* Du im Badewännchen.
* Du auf dem Bett.
* Du auf dem Sofa neben einem Teddybär, der größer ist als du.
* Du mit Mamis schwangerer Freundin.
* Du mit Papis Freund, der keine Babys mag.
* Du unscharf in deinem neuen Autokindersitz, mit der Mütze auf dem Kopf, die die Freundin von der Uroma gestrickt hat.

Die Liste ist endlos. Deine Eltern werden versuchen, jeden noch so flüchtigen Moment deines jungen Lebens einzufangen, deshalb kannst du ihnen ebenso gut auch etwas schenken, was sie richtig vom Hocker hauen wird – dein allererstes Lächeln!

Das einzig Ärgerliche daran ist, dass, wenn du es schluss-endlich schaffst, immer irgendwo ein Schlauberger daneben steht, der erklärt: „Das war kein richtiges Lächeln, das waren nur Blähungen." Ach ja, du kannst sie halt nicht alle überzeugen.

 Mit offenen Augen schlafen

Du bekommst in der ersten Zeit viele Geschenke und die beste Methode um zu vermeiden, dass jemand sie klaut, ist, mit offenen Augen zu schlafen. Okay, die Leute sagen also, du solltest deinen Eltern vertrauen können? Aber mal ehrlich, wie lange kennst du die denn schon? Es ist besser, auf der Hut zu sein und solange wachsam zu bleiben, bis du dich vollkommen eingelebt hast.

Merke: Mit offenen Augen schlafen zu können ist eine Fähig-keit, die dir bald abhanden kommen wird. Tatsächlich findet man die einzigen Erwachsenen, die sich diese Kompetenz wieder erworben haben, im Gefängnis – viel Spaß also damit, solange du es kannst.

Vergiss nicht zu experimentieren. Warum nicht mal wie ein Spion mit nur einem geöffneten Auge schla-fen? Oder leg es auf den absolu-ten Horror-Effekt an und roll dei-ne Augen nach hinten in den Kopf, sodass nur noch das Weiße in den Augen zu sehen ist.

10

Etwas Bedeutendes erleben, bevor du in der Lage bist, dich daran zu erinnern

Vielleicht hast du heute eine berühmte Persönlichkeit getroffen: einen Hollywood-Star, die Bundeskanzlerin oder sogar den Papst? Oder vielleicht warst du bei einem weltbewegenden Ereignis wie zum Beispiel dem DFB-Pokal-Finale oder dem Eurovision Song Contest? Tja, genieß den Augenblick, so gut du kannst, denn schon in der nächsten Minute kannst du dich an nichts mehr erinnern.

Wenn du das erste Kind bist, scheuen deine Eltern vermutlich keine Mühen, mit dir an tolle Orte zu fahren und dir unglaubliche Erlebnisse zu bescheren, egal wie teuer oder wie weit die Anfahrt ist. Erfahrenere Eltern drücken dir einfach eine alte Konservendose und einen Holzlöffel zum Spielen in die Hand. Das ist billiger und sie wissen außerdem, dass sie einfach so tun können, als hättest du tolle Auslandsreisen erlebt, wenn sie dir gleichzeitig erklären, dass die Kamera leider kaputt war, bis du vier warst.

Die Wahrheit ist: Du wirst dich weder an eine Kreuzfahrt um die ganze Welt noch an den Promi-Geburtstag erinnern, auf dem du gewesen bist. Deine erste Erinnerung wird wahrscheinlich an so etwas sein wie den Moment, in dem du auf Papis Füßen getanzt hast und gleichzeitig erklärtest, dass du keine Erbsen magst, oder als in der Krabbelgruppe ein Stapel

Stühle auf dich kippte. Langer Rede kurzer Sinn: Du wirst dich nicht daran erinnern, wie Papi eine Million Euro im Lotto gewonnen hat, sehr wohl aber an den Tag, an dem er in Unterhosen in einen Haufen Brennnesseln gefallen ist. Das Gedächtnis ist schon eine komische Sache.

11

An Papis Brusthaaren ziehen bis er schreit

Wusstest du, dass Papis Stimme ganz schrill wird, wenn du nach einer Handvoll seiner Brusthaare grapschst und kräftig daran ziehst? Ihn so schreien zu hören kann einem schon ein bisschen Angst einjagen, also fang du auf jeden Fall auch zu brüllen an – du bist hier die wichtigste Person, denk immer daran. Wenn du Glück hast, wird Mami ihn sogar dafür ausschimpfen, dass er sich so anstellt.

Wo wir gerade von Mami sprechen: Wie wär's denn, wenn du mal Mamis Ohrringe packst, wenn sie dich das nächste Mal knuddelt? Oder, wenn das nicht klappt, die kleinen Löckchen an ihren Schläfen ... Das sollte ihr eine Vorstellung davon geben, wieso Papi so ein Drama gemacht hat.

Und denk daran, dass sich diese grundlegenden Greiffähigkeiten an deinem ersten Weihnachten als wirklich nützlich erweisen werden – nur einmal kräftig an einem Zweig zerren und der Baum sollte in einem Rutsch herunterkommen.

12 Dich in der Sonne bräunen

Nichts geht über eine goldene Bräune, die dich klasse aussehen lässt und dir dieses hinreißende Frisch-aus-dem-Urlaub-Leuchten verleiht. Sie ist einfach optimal geeignet, deinen Look ein bisschen aufzubügeln. Diese goldbraune Farbe, ein absolutes Must-Have, lässt deine Augen funkeln und deine Zähne weißer denn je erscheinen (das heißt, wenn du schon Zähne hast). Zudem ist deine Bräune ein toller Gesprächsaufhänger, der Mami Gelegenheit gibt, mit anderen Eltern zu interagieren. Hör gut zu, wenn sie ihr erklären: „Wissen Sie, bei den unter Einjährigen sollte man wirklich Sunblocker auf Zink-Basis verwenden" oder „Ich melde Sie dem Jugendamt".

So trittst du den Röstis bei:

* Wenn du unterwegs bist, schmeiß Hut und Söckchen aus dem Kinderwagen, um die Wirkung der Sonnenstrahlen maximal zu erhöhen – tu das am besten, wenn Mami nicht hinsieht.

* Deine Haut wird sich schön rosarot färben. Aber keine Sorge, spätestens in ein bis zwei Tagen wird sie braun sein – oder sich abschälen. Wenn Mami und Papi neu im Elternbusiness sind, werden sie mit dir in die Notaufnahme rasen aus lauter Angst, du könntest dich mit einem tödlichen Virus infiziert haben. Der Arzt wird sie gelassen darauf hinweisen, dass du dir lediglich eine Bauarbeiterbräune eingefangen hast und dass sie deshalb schlechte Eltern sind. Wenn sie schon mehr Erfahrung haben, werden sie sich gegenseitig die Schuld geben: „Was willst du damit

sagen, du hast die Sonnenmilch vergessen? Das Bier hast du wohl nicht vergessen, was?" (Kurzum: Je brauner du bist, desto größer ist die Zahl der missbilligenden Blicke, die deine Eltern einfangen. Die Mühe lohnt sich also.)

* Hol dir ein paar weiße Strampler als Sommergrundgarderobe und gib gründlich an mit deiner hart erkämpften Farbe.

13 Einen Freund oder eine Freundin finden

Wenn Mami und Papi Freunde mit einem Kind des anderen Geschlechts in ähnlichem Alter haben, werden Sie darüber witzeln, dass ihr wahrscheinlich heiraten werdet, wenn ihr älter seid. Es ist wohl das Beste, ihnen einstweilen ihren Glauben zu lassen – man will ja nicht gleich zu Beginn jemanden vor den Kopf stoßen, indem man erklärt: „Da kann ich aber auch noch Besseres abkriegen".

Die Erwachsenen werden massenhaft Bilder von euch beiden zusammen machen – sie finden, es sei ein Riesenspaß, euch zwei in dieselbe Badewanne oder dasselbe Bettchen zu stecken. Dann wird einer der Papis sagen, dass er euch in sechzehn Jahren aber nicht unter derselben Bettdecke finden will, sonst ist was los ... Und sie werden sich alle köstlich amüsieren.

Sobald du alt genug bist und zu sprechen anfängst, ist es sicher keine schlechte Idee, Mamis und Papis Freunde darauf hinzuweisen, dass sie vielleicht erstmal selbst heiraten sollten. Das wird sie ein Weilchen mundtot machen.

14 Dich in dein Spiegelbild verlieben

Dich selbst im Spiegel zu betrachten ist ein famoser Zeitvertreib. Hier ein paar Sachen, die du ausprobieren kannst:

* Lächeln.
* Lächeln, wenn das Baby im Spiegel zurücklächelt.
* „Aaaaah" machen.
* Zusehen, wie das Baby „aaaah" macht.
* Guckguck spielen: Dreh dich weg vom Spiegel und dann schnell wieder hin, um zu schauen, ob das Baby noch da ist.
* Dir das Baby genauer ansehen. Drück deine Nase fest an den Spiegel. Schau dem Baby in die Augen und verliebe dich.
* Nimm den komischen Erwachsenen zur Kenntnis, der das Baby hält. Er erinnert dich an jemanden – warum zieht er so ein Gesicht?
* Ignoriere den Mann und küss das Baby im Spiegel.

15 Vom Bett rollen

Das wird weh tun. Aber keine Bange – Mami wird es viel mehr weh tun als dir.

Um die Überraschung so groß wie möglich zu gestalten, tu es gleich dann, wenn du dich überhaupt zum allerersten Mal umdrehst. Und es sollte eine doppelte Rolle sein, weil Mami ihre Pflichten peinlich genau einstudiert und dich in die Bettmitte gelegt haben wird, wo sie dich in Sicherheit wiegt.

Bevor du zur Tat schreitest, sorge dafür, dass bestimmte Voraussetzungen gegeben sind:

* Mami muss auf dem Klo sein.
* Papi muss sich im Zimmer nebenan oder direkt darunter befinden.
* Sie sollten beide einen Kater haben.

Niemand hat jemals ein Baby tatsächlich vom Bett rollen sehen, aber auf folgende Weise soll der größte Erfolg garantiert sein:

1. Schaukle sanft hin und her und bring dich allmählich in Schwung.
2. Ran an die Buletten! Roll dich zur Seite!
3. Roll dich noch mal herum.
4. Fall (mit einem dumpfen Schlag) vom Bett.

Allerlei wird jetzt passieren:

1. Mami stürzt ins Zimmer und zieht gleichzeitig noch ihre Unterhose hoch, möglicherweise unter Tränen.

2. Du brichst in Gebrüll aus. Aber nicht sofort! Es herrscht in Elternkreisen die Überzeugung: „Wenn sie schreien, sind sie okay". Eine atemraubende Pause von zehn Sekunden (oder eben bis Mami dich hochnimmt) muss unbedingt eingehalten werden.
3. Schreie noch lauter.
4. Dann schlendert Papi beiläufig herein, eine Zeitung in der Hand haltend, und brummt „Hab ich da eben was gehört?"
5. Mami reicht dich an Papi, der Grimassen für dich schneidet – jetzt darfst du lächeln.
6. Papi zieht eine andere Schnute in Richtung Mami, die ausdrückt: „Ich bin enttäuscht von dir."
7. Papi widmet sich wieder seiner Zeitung, während Mami erklärt, dass sie dich nie wieder aus den Augen lassen wird / es ihr leid tut, dass sie auf dem Klo *Brigitte* gelesen hat.

Merke: In ein paar Jahren werden deine Eltern Gleichstand haben, wenn Papi vergisst, dich in deinem Buggy anzuschnallen und dich versehentlich auf die Straße kippt.

16 Das Schlafenlernen interessanter gestalten

Für Papi ist es schon in Ordnung, jeden Abend vor dem Fernseher auf dem Sofa einzuschlafen, aber für Kinder sind ordentliche Einschlafrituale anscheinend sehr wichtig.

Bring etwas Leben mit hinein, indem du mal austestest, was man tun und was man lassen sollte:

* Sorge dafür, dass du zum Schlafen ein besonderes Spielzeug oder eine spezielle Decke hast. Lass dich nicht mit einer weißen Stoffwindel abspeisen – die gibt's im Zwölferpack und die sind kinderleicht zu ersetzen. Im Idealfall ist dein Schlafkamerad handgemacht, sehr teuer und nur in einer bestimmten Boutique in Paris zu bekommen. (Merke: Der Eurostar hat einige sehr gute Angebote für Tagesausflüge nach Paris.)

* Beschränke das Einschlafritual nicht aufs Haus. Eine Endlosfahrt auf dem nächstgelegenen Autobahnring hilft dir ungemein beim Einschlafen und verbessert auch Mamis Fahrkünste.

* Reibe deinen Kopf unbedingt den ganzen Abend lang an der Matratze des Kinderbettchens. Das vertreibt die Zeit und bringt dir eine nette kleine kahle Stelle ein.

* Lass es nicht zur Gewohnheit werden, dass du in deinem Bettchen schläfst. Dir das wieder abzugewöhnen wäre ein hartes Stück Arbeit – viel besser ist dagegen doch, den Abend oben auf Papis Bauch zu verbringen.

* Überzeuge deinen Papi, dass du nicht einschlafen kannst, wenn er nicht immer wieder „My Bonnie Lies Over The Ocean" singt, während du seinen kleinen Finger festhältst.

17 Aus dem Hundenapf essen

Wenn du erstmal zu krabbeln anfängst, eröffnen sich dir wahrlich neue Welten. Du kannst nun bisher völlig unbekannte Bereiche des Hauses unter die Lupe nehmen. Bald wirst du in Erfahrung bringen, dass Hundefutter mit Hühnchengeschmack lecker ist, das mit Rindfleisch aber ein bisschen fragwürdig – schleck einfach die Soße auf und lass die Fleischbrocken liegen. Mit dem trockenen Zeug müh dich aber gar nicht erst ab – es mag nahrhaft sein, aber es richtet verheerenden Schaden an deinem Zahnfleisch an.

Der Top-Tipp: Wenn du weder einen Hund noch ein anderes Haustier hast, dann steure als Erstes den Komposteimer an. Der enthält immer ein paar leckere Köstlichkeiten.

Einmal auf den Hund gekommen gibt es massig Möglichkeiten, deine Geschmacksnerven zu reizen und das Abstillen zum Ereignis werden zu lassen: Warum nicht mal ...

* Die Gitterstäbe im Zoo abschlecken?
* Am Zipfel einer speckigen Tischdecke im Café nuckeln?
* Den Schnuller mit dem triefnasigen Baby aus der Arztpraxis tauschen?
* Mit der Zunge die Kante einer Parkbank entlangfahren?
* Ausprobieren, wie der Griff eines Einkaufswagens schmeckt?
* An den Borsten von der großen Bürste lutschen, die neben der Toilette aufbewahrt wird?

Die Möglichkeiten gehen ins Unendliche.

Die Reaktionen deiner Mama auf all das hängen ziemlich stark davon ab, ob du ältere Brüder und Schwestern hast. Wenn du das erste Kind bist, wird sie dich in Desinfektionsmittel ertränken und deine Zunge mit einem Feuchttuch sauber schaben. Wenn du nicht ihr erstes Kind bist, wird sie deinen Mund vermutlich halbherzig mit einem Zipfel ihrer Strickjacke abtupfen und sich dabei munter weiter mit ihrer Freundin unterhalten.

18 Ein Buch verkehrt herum lesen

Wenn du Papi beeindrucken willst, halte einfach ein Buch in den Händen, egal was für eines – das bedeutet offenbar, dass du besonders gescheit bist und zur Uni gehen wirst. Es macht auch überhaupt nichts, wenn es auf dem Kopf steht oder du an den Seiten kaust – du bist zweifelsohne eine Intelligenzbestie und wirst seine Hypothek abzahlen können, wenn du älter bist.

Wenn sie zu Scherzen aufgelegt ist, wird Mami dir schnell eine übergroße Brille auf die Nase setzen, um den Strebereindruck noch maximal zu unterstreichen, bevor sie dich „beim Lesen" fotografiert. In zwanzig Jahren wird sie das Bild finden und sich fragen, warum du als Elton John verkleidet warst.

19

In einem weißen Strampelanzug über einen schmutzigen Boden robben

Kaum hast du krabbeln gelernt, wird Papi deine neue Fähigkeit unbedingt Freunden vorführen wollen, die zu Besuch sind. Aus irgendeinem Grund wird Mami darauf nicht ganz so scharf sein. Sie wird versuchen, Papi aufzuhalten, aber es hilft alles nichts – er hat gerade einen Höhenflug. Folgende Szene wird sich abspielen:

1. Papi verkündet den anderen Erwachsenen stolz, dass sie unbedingt sehen müssen, „was das Kind grade neu gelernt hat".
2. Er setzt dich auf den Küchenboden. Du hast deinen neuen weißen Strampler an.
3. Du hoppelst pflichtbeflissen über den Boden.
4. Die Gäste klatschen Beifall.
5. Papi hebt dich wieder auf.
6. Alle registrieren schweigend die schmierigen schwarzen Flecken an deinen Händen und Knien, ebenso das Spiegelei von vor einer Woche, das an deinem Bein klebt.
7. Die Gäste werden versuchen, über etwas anderes zu sprechen, aber ihre Blicke wandern derweil durch den Raum auf der Suche nach dem Ort, an dem Mami Staubsauger und Wischmopp aufbewahrt – oder vielmehr versuchen sie herauszufinden, ob sie überhaupt im Besitz irgendwelcher Putzutensilien ist.

8. Mamis Gesicht wird rot anlaufen.
9. Die Gäste werden sich fragen, ob man hier ruhigen Gewissens essen kann.

Merke: Ab sofort wirst du marineblaue Strampelanzüge tragen. Das macht viel weniger Umstände, als den Küchenboden zu putzen.

20 Der Vorwand deiner Eltern sein

Bis du sprechen kannst – und vielleicht auch wenn du längst sprechen kannst, aber außer Hörweite bist – werden dich deine Eltern als Argument dafür benutzen, dass sie nicht mit Leuten, die sie nicht mögen, zu langweiligen Veranstaltungen gehen können. Zum Beispiel:

* „Es tut mir so leid, dass wir nicht zu eurer Eurovision Song Contest-Party kommen können – ich hab mir sogar einen Eiffelturm-Hut gebastelt – aber das Kind hat Fieber und ich würde mir zu große Sorgen machen, wenn ich es allein lasse."
* Wir freuen uns schon den ganzen Tag auf dein Chorkonzert, aber Amelie hat plötzlich so einen komischen Hautausschlag bekommen, und ich glaube, ich sollte besser zu Hause bleiben und ihn beobachten."

* „Wir können leider nicht zu deiner Urschrei-Rebirthing-Session kommen. Anton hat die Cholera. Nein, es ist nicht allzu schlimm – bis Montag sollte er wieder in der Kinderkrippe sein."

Mami und Papi haben die Pizza vom Bringdienst mit einer Flasche Bier zu *Wetten, dass ..?* noch nie so sehr genossen wie heute.

Merke: Versuche nicht zu lachen oder etwa zu klingen, als ob du im Hintergrund Spaß hättest, wenn ein Elternteil am Telefon gerade seine Ausrede an den Mann oder die Frau bringt. Sei entweder still oder wimmere schwach.

Top-Tipp: Ermuntere deine Eltern, über die Lügen, die sie am Telefon verzapfen, Buch zu führen, damit sie die gleiche Ausrede nicht zweimal anbringen.

IM ALTER VON 1 BIS 2 JAHREN

DAS BEWEGTE KLEINKINDALTER

Christoph Kolumbus hat Amerika entdeckt und Newton kam hinter die Schwerkraft, als ihm ein Apfel auf den Kopf fiel; aber du wirst in diesem Jahr weitaus interessantere Dinge entdecken. So zum Beispiel eine schlichte Poporutsch-Technik, die dich von A nach B bringt, ohne dass du dich mit diesem ganzen Laufquatsch herumärgern musst, die starre Körperhaltung, die erprobtermaßen 97 Prozent der Erwachsenen davon abhält, ein Kind in einem Buggy festzuschnallen, und willkürliche Spaßaktionen wie zum Beispiel den Inhalt des Küchenabfalleimers in einen Korb frischer Wäsche zu kippen.

Wenn du auf einen Gegenstand stößt, den du in deinem ganzen Leben noch nie gesehen hast, wirst du schnell lernen, dass du damit drei Dinge tun kannst: ihn essen, öffnen oder umschmeißen. Und denk immer dran, Mami ist Schuld, wenn man dich erwischt, wie du in Olivenöl gebadet in der Küche von der Arbeitsplatte rutschst.

In diesem Jahr wirst du rennen, bevor du laufen kannst, die Toilettenspülung betätigen, bevor du ohne Windeln auskommst und an die Wände kritzeln, bevor du einen Stift richtig halten kannst. Sorg dafür, dass es eine tolle Zeit wird. Zieh alle Schubladen raus, schieb deine Finger hinter jeden Türpfosten und zieh jedes Tier am Schwanz – deine Eltern werden bald lernen, dein Zuhause kleinkindsicher zu gestalten. Aber denk daran, dass du ihnen zeigen musst, wie man die Kindersicherung an den Küchenschränken öffnet und wie das Treppenschutzgitter funktioniert – sie haben sonst keinen blassen Schimmer.

21 Dein verlorengegangenes Söckchen auf einem Zaun wiederfinden

Wenn du auf dem Weg zum Park eines deiner Lieblingssöckchen verlierst, mach dir auf dem Heimweg nicht die Mühe, den Straßengraben danach abzusuchen – nimm stattdessen die Zaunspitzen unter die Lupe.

Unter den Erwachsenen gibt es das ungeschriebene Gesetz, dass man, wenn man auf der Straße eine herrenlose Socke oder einen Handschuh findet, diese auf die Spitze des nächstbesten Zaunes steckt.

Der Erwachsene streicht die Socke erst schön glatt und steckt sie dann auf die Zaunspitze. Und wenn die Erwachsenen einen verlorenen Handschuh auflesen, richten sie die Finger so hin, dass es aussieht, als ob dir eine Hand winkt. Das sieht vielleicht lustig aus!

Merke: Wenn es innerhalb eines Radius' von 20 Metern um die Fundstelle des Söckchens keinen Zaun gibt, wird stattdessen eine niedrige Mauer verwendet.

Top-Tipp: Niemand wird eine einzelne Socke stehlen, denn ehrlich gesagt ist die ja nutzlos – aber andere Kleidungsstücke werden durchaus als Freiwild betrachtet.

22 Mit dem Pappkarton eines großen, teuren Spielzeugs spielen

Du kannst reinklettern, dich drin verstecken, draufkritzeln oder jemanden beauftragen, dich darin in der Gegend herumzuziehen. Außerdem macht sich ein Pappkarton in jedem Wohnzimmer prächtig. Wie wär's damit zum Beispiel direkt vor dem Fernseher?

Tipp: Je mehr du mit dem Karton spielen willst, desto mehr wird Papi dich ermuntern, mit dem Spielzeug zu spielen, das im Karton war. Er wird dir erklären, dass es viel Geld gekostet hat und dir anbieten, mit dir und dem neuen Spielzeug so lange zu spielen, wie du möchtest – wenn du aufhörst, mit dem Karton zu spielen. Spiel noch eine Weile länger mit dem Karton. Papi wird auch danach noch auf dich warten.

Wenn du keinen Karton hast, oder wenn er verschwunden ist und Mami sagt, sie hätte keine Ahnung, wo er geblieben ist,

musst du dich einfach mit Papis Schlüsseln oder seinem Handy vergnügen. Mit denen spielt sich's viel besser als mit Spielzeug.

Merke: Schlaue Eltern kaufen kleinen Kindern überhaupt kein Spielzeug. Sie geben ihnen einfach die leeren Kartons vom Einkauf im Supermarkt.

23 Waschpulverberge machen

In der Küche unter der Spüle gibt's viele tolle Sachen, aber das Waschpulver ist überhaupt das Beste. Es lässt sich wunderbar schütten und man kann mit ihm herrliche Berge auf dem Küchenboden formen.

Halt den Behälter hoch und beobachte, wie der Inhalt langsam herausrieselt. Lass dem Pulver freien Lauf und es seinen eigenen Weg finden. Dem ungeübten Betrachter mag es erscheinen, als ob du lediglich Seifenpulver im Wert von fünf Euro verschwendest, aber du weißt, dass du gerade eine komplizierte Lektion in Geometrie erhältst – zum Beispiel entdeckst du, dass alle Punkte eines Kegels mit dem Scheitel verbunden sind. Oder so.

Wenn nach deinem Waschpulverberg noch Pulver übrig ist, versuch es wie frisch gefallenen Schnee auf dem Boden zu verteilen. Das ist ein wundervolles Gefühl. Und wie wär's, wenn du dich dann rücklings in den Schnee legst, mit deinen Armen hin und her fegst und einen entzückenden Waschpulver-Engel produzierst? Mami wird ihren Augen nicht trauen.

24 Eine langweilige Hochzeit aufheitern

Am leichtesten geht das, indem du draußen vor dem Haupteingang des Veranstaltungsortes mit dem Kies spielst. Und so kommst du von der Hochzeit zum Kies:

1. Fang an zu krähen, wenn die Braut einläuft. (Bei anderen Bindungszeremonien oder einer Lebenspartnerschaft werden beide Beteiligten wahrscheinlich gleichzeitig hereinkommen – in dem Fall ist dies dein Signal zum Krähen.)

2. Wenn der Gottesdienst richtig losgeht, fang leise an zu weinen. Mami oder Papi werden dich auf den Arm nehmen und dich zu beruhigen versuchen.

3. Strample und weine lauter. Schau in die genervten Gesichter um dich herum, während du deine Rotznase an Mamis oder Papis Schulter abwischst.

4. Wenn das Paar sich das Ja-Wort gibt, kannst du dich schließlich richtig verausgaben und „Nein! Nein! Nein!" brüllen. Mami oder Papi werden dich jetzt schleunigst fortschaffen – meistens ist es Papi, weil er für seine Montur weniger gezahlt hat.

5. Geh raus und spiel mit dem Kies.

Merke: Erwachsene denken, Kies sei nur ein Haufen kleiner Steinchen. Aber du weißt, dass es in Wirklichkeit ein Sammelsurium aus Farben, Formen, Größen und Strukturen ist. Kein Steinchen gleicht dem anderen, und manche sind sogar Diamanten!

Du machst also Folgendes:

1. Nimm ein paar Handvoll Kies und verteile sie über die ganze Treppe.
2. Leg dich auf den Bauch und fang an, den Kies zu sortieren – die kleinsten Steinchen zusammen, die glänzendsten Steinchen zusammen, und so weiter. Lass dir Zeit – Hochzeiten ziehen sich unendlich in die Länge.
3. Such dir dein Lieblingssteinchen aus. Schleck es ab, um zu sehen, wie es in nassem Zustand aussieht.
4. Wenn das frisch vermählte Paar nach der Zeremonie die Treppe herunterkommt, sammle den Kies schnell wieder auf und steck ihn in Papis Hosentasche ... Achtung, seine Kamera!
5. Wenn du Brautjungfer oder Brautjunge bist, musst du jetzt ein paar Fotos von dir schießen lassen.

Anschließend musst du versuchen, deine Stimme ein bisschen auszuruhen ... du wirst sie später während der Reden noch brauchen.

25 Etwas Wertvolles die Toilette runterspülen

Bloß weil du noch nicht trocken bist, heißt das nicht, dass du das Klo nicht auf die ein oder andere Weise benutzen kannst. Wenn Mami dir das nächste Mal kurz den Rücken zukehrt, führ doch mal ein paar Experimente durch. Du wirst bald merken, dass es das tollste Spielzeug aller Zeiten ist ... vor allem dann, wenn ihr in einer Wohnung mit Wasserzähler wohnt.

Die zwei besten Dinge beim Spielen mit der Toilette sind:

1. Wie es spritzt, wenn du was ins Wasser wirfst.
2. Wie der Gegenstand für immer verschwindet, sobald du den Hebel ziehst oder den Knopf oben auf dem Klo drückst. Geh gleich noch was holen, was du da reinwerfen kannst!

Die zwei schlimmsten Dinge beim Spielen mit der Toilette sind:

1. Mamis Gesicht, wenn sie herausfindet, dass du ihren Verlobungsring das Klo heruntergespült hast. Am besten erwähnst du nicht, dass du gleichzeitig auch noch dein Taufkettchen zerrissen hast.
2. Papis Gesicht, wenn er herausfindet, dass du seinen Elektrorasierer das Klo hinuntergespült hast. Erkläre ihm, er soll sich beruhigen – ein kompetenter Klempner kann ihn ganz leicht aus dem S-Rohr bergen, wenn er dazu einfach die Toilette abmontiert.

Genieß das Klo, solange du noch kannst. Nächstes Jahr wirst du wahrscheinlich eine Phobie davor entwickeln.

26 Eine Badewannenfrisur entwerfen

Schlag „Bad-Hair-Days" in die Flucht und probier dich an tollen neuen Stilen, wenn du das nächste Mal deine Haare waschen lässt. Schäum das Ganze gut auf und lass Mami oder Papi an folgenden fantastischen Looks arbeiten:

* „KLEINER TEUFEL" – zieh einen Mittelscheitel und streiche deine Haare rechts und links wie Hörner vom Kopf weg.
* „EINHORN" – streich einfach alle deine Haare kurz über der Stirn zu einem Horn zusammen.
* „MOHIKANER" – schieb deine Haare zu einem punkigen Kamm mitten auf dem Kopf zusammen.
* „SÜSSE/R" – zwirble ein paar Ringellocken zu süßen, das Gesicht umrahmenden Schmachtlöckchen.
* „BEWERBUNGS-STIL" – zieh einen niedrigen Seitenscheitel, klemm dann auf der kürzeren Seite die Haare hinters Ohr und streich den Rest glatt.

27 Mami ein blaues Auge verpassen

Früher oder später wirst du Mami versehentlich mit einem harten Gegenstand verhauen und ihr verpassen, was man in Medizinerkreisen als „Veilchen" bezeichnet. Mit großer Wahrscheinlichkeit wirst du sie mit einem der folgenden Gegenstände hauen:

* Mit der Fernbedienung des Fernsehers.
* Mit einem Spielzeugauto.
* Dem spitzigen Fuß einer Barbiepuppe.
* Mit deiner Schnabeltasse.
* Mit ihrem Handy.

Mami wird heulen, aber keine Angst, sie wird ihre hysterischen „Ich bin blind, ich bin blind"-Rufe bald einstellen – solange du das Deinige dazu beiträgst ...

SCHREI, ALS OB DU GEKIDNAPPED WORDEN SEIST!

Das Ist zwar geräuschvoll, aber der schnellste Weg, Mami die Perspektive wieder gerade zu rücken.

Trotzdem kann es sein, dass Mami tatsächlich ein bisschen Schmerzen hat. Mach es also wieder gut, indem du ihr anbietest, mit ihr ins Krankenhaus zu gehen. Nach der dreistündigen Wartezeit könntest du hilfreicherweise ihre Tasche entrümpeln, während sie dem Arzt ihre Beule zeigt. Wie sie sich vor lachen schütteln wird, wenn sie auf dem Boden ihre Kondome, die Weight Watcher's-Mitgliedskarte und ihre Kippen fein säuberlich um die Füße des Arztes drapiert entdecken wird!

Halb aus einem Kinderstuhl rutschen

Wissenschaftler behaupten, dass sich ein Neugeborenes in den ersten zehn Stunden nach der Geburt mit seinen Fingerspitzen an einer Felskante festhalten kann. Es ist eher unwahrscheinlich, dass deine Eltern die Probe aufs Exempel gemacht haben, und so werden sie sich immer fragen, ob das tatsächlich möglich ist. Du bist jetzt zwar schon ein Jahr alt, aber es ist noch nicht zu spät, deinen eisernen Handgriff unter Beweis zu stellen, wenn Papi das nächste Mal vergisst, dich in deinem Hochstuhl anzuschnallen.

Vielleicht muss es bei Papi grade zackzack gehen, oder er denkt dein Bäuchlein ist kompakt genug, um dich in deinem Stuhl festzukeilen. Weise ihn jedenfalls nicht auf sein Versehen hin. Warte einfach den richtigen Moment ab, bis es an der Tür klingelt oder er zum Klo muss – und dann mach hinne!

1. Schieb deinen Popo bis vor an die Stuhlkante – die zerdrückte Banane, die du vorher ausgespuckt hast, dürfte als Gleitmittel toll funktioniert ... und ab durch die Mitte!
2. Klammer dich verzweifelt an den Armlehnen fest – deine Beine sollten in der Luft hängen und dein Gesicht an die Unterseite des Tischchens gedrückt sein.
3. Brüll so laut du kannst. Es wird ein wenig gedämpft klingen, aber das verstärkt nur die Dramatik.
4. Papi wird ins Zimmer rasen. Einen kurzen Moment wird er innehalten und die schiere Stärke deiner Hände bewundern.
5. Papi wird dich retten und dir sogar Eis zum Nachtisch geben.

29 Einen nackten Erwachsenen ungeniert auslachen

Erwachsene sehen urkomisch aus, wenn sie nackig sind. Wenn du Mami beim aus der Badewanne klettern entdeckst oder Papi, wie er seine Hose hochzieht, lauf nicht einfach nur hysterisch lachend aus dem Badezimmer: Halte einen Moment inne und saug das Bild in dich auf – und dann lauf hysterisch kreischend aus dem Bad.

Tipp: Bring Mamis große Oberweite oder Papis Krampfadern doch mal im Gespräch auf, wenn sie das nächste Mal Freunde zu Besuch haben. Solche Freunde wie den Briefträger oder den Typen, der den Gaszähler abliest.

30 Deine liebste Habe in einem Bällebad verlieren

Erwachsene besuchen liebend gerne Hallenspielplätze, weil sie sich dort bei einer Tasse Kaffee und einer alten Glamour entspannen können, in dem sicheren Wissen, dass du „Spaß hast". Ich frage mich, wie spaßig sie es fänden, sich aus einer schulterhohen Grube voller Plastikbälle zu schleppen, während jemand, der doppelt so groß ist wie sie, an einem Schwingseil auf sie saust.

Die simple Methode, deinen liebsten Besitz zu verlieren, wird sie garantiert aus ihrem Stumpfsinn wachrütteln.

Top-Tipp: Idealerweise sollte der Gegenstand sehr klein sein und genau jener, den du jeden Abend mit ins Bett nimmst. Eine winzige Plüschmaus, daumengroß, ist ideal. Lass sie uns Mausi nennen.

So gehst du vor:

1. Schmuggle Mausi aus dem Haus – in deiner Hose oder unter dem Buggypolster ist ideal. Bring sie erst zum Vorschein, wenn ihr beim Spielplatz angekommen seid.
2. Nimm Mausi mit ins Bällebad und gib dein Indianerehrenwort, dass du sie nicht verlieren wirst.
3. Streife zehn Minuten ziellos umher und lass Mausi dann irgendwo fallen. Entferne dich von ihr und geh deiner Wege – achte darauf, dass du dabei jeden Winkel des Bällebads besuchst.
4. Das Timing ist nun entscheidend. Warte, bis alle ihre Jacken anhaben und verkünde dann, dass du Mausi im Bällebad verloren hast. Sag ihnen, dass du keine Ahnung hast, wo du sie gelassen hast. Fang zu weinen an und erkläre, dass du ohne sie heute Abend unmöglich einschlafen kannst.
5. Beginnt mit der Suche – Extrapunkte für dich, wenn jemand durch einen dieser Überkopf-Plexiglas-Tunnel muss. Melde an, dass du Hunger hast und dass ein paar Smarties deinen grummelnden Bauch etwas beruhigen könnten.
6. Durchschnittlich werden Mami und Papi drei Stunden brauchen, um Mausi zu orten – sie ist üblicherweise ganz hinten im Eck der Bällegrube, in das jemand Pipi gemacht hat.

31 Den Leuten Anlass zu der Frage geben, ob du bei der Geburt vertauscht wurdest

Lass doch mal Zweifel aufkommen, ob du nicht vielleicht nach der Geburt vertauscht wurdest ... mit dem Baby der komischen Frau, die im Bett neben Mami lag.

Nicht die guten Eigenschaften werden Mami und Papi umtreiben: Ein plötzliches Talent zum Zeichnen oder eine ungeheure musikalische Begabung würden allesamt freudig als Fähigkeiten registriert, die du von ihnen geerbt hast. Verunsichern werden sie die sonderlichen Seiten. Versuch dich mal für ein, zwei Tage an einem komischen Blinzeln oder einem eigenartigen Grunzen beim Milchtrinken, oder entwickle vorübergehende Zuckungen.

Omi wird es als Erste aussprechen: „Sowas hat es in unserer Familie noch nie gegeben. Das muss von der anderen Seite stammen." Dann ist die andere Oma an der Reihe: „Sowas hat es in unserer Familie noch nie gegeben. Das muss von der anderen Seite kommen." Mami und Papi kriegen jetzt einen besorgten Gesichtsausdruck. Du wirst Mami zugeben hören, dass sie im Krankenhaus eingeschlafen ist, gleich nachdem du geboren warst – aber nur ganz kurz; Papi wird hin und her laufen und immerzu von so etwas wie DNA sprechen.

Jetzt ist der perfekte Moment, mit deiner Windel auf dem Kopf ins Zimmer gelaufen zu kommen. Schau, wie Omi ein Lächeln auf Papis Gesicht zaubert, indem sie sagt: „Schau mal – genau wie der Papa!"

32 Essen als Modeschmuck tragen

Himbeeren sind so geschickt konstruiert, dass sie perfekt auf deine Fingerspitzen passen. Außerdem haben sie den zusätzlichen Vorteil, dass sie ein hübsches Rot hinterlassen, das genau aussieht wie Nagellack. Dieses rote Zeug (oder auch Saft) eignet sich ideal zum Malen, und ist im Gegensatz zu den Farbstiften, die Mami dir immer gibt, schwierig wieder abzubekommen.

Folgende Feinschmecker-Verkleidungstricks kannst du auch noch ausprobieren:

* Zwei Kirschen am Stengel ergeben einen tollen Ohrring – häng sie einfach oben über dein Ohr.
* Ringli dienen als elegante Fingerringe für kleine Finger.
* Erdbeeren kann man sich als Lippenstift über die Lippen reiben.
* Spritz dir Ketchup ins Gesicht und täusche eine Verletzung vor. Um die Wirkung noch zu steigern, leg dich unten an die Treppe und schreie.
* Aus eingeweichten Cornflakes kannst du dir eine Perücke formen und sie auf deinem Kopf trocknen lassen.
* Reib dich von oben bis unten mit Mehl ein, um einen gruseligen Geistereffekt zu erzielen!

Etwas aus einem Laden abstauben

Es ist eine traurige Tatsache, dass die meisten Kleinkinder irgendwann einmal stehlen. Nicht nur kleine Spielzeugsachen aus anderer Leute Häuser, sondern auch alle möglichen Sachen aus dem Laden. Das nennt man Ladendiebstahl.

Die Top Drei der Gegenstände, die von unter Zweijährigen stibitzt werden:

1. Süßes aus der „Selbstbedienungs"-Theke – im wahrsten Sinne des Wortes.
2. Schokoladenriegel, die im Kassenbereich von Supermärkten angeboten werden – diese Leckereien befinden sich in Buggyhöhe, sodass Mami gar nicht mitbekommt, wenn du dich bedienst.
3. Werbegeschenke, die als Dreingabe auf den Comics im Tante-Emma-Laden kleben.

Wenn sie herausfindet, was du angestellt hast, wird Mami dich zurück in den Laden bringen, sich beim Ladenbesitzer entschuldigen und ihm anbieten, die Tüte Fruchtgummi-Erdbeeren zu bezahlen, die du hast mitgehen lassen. Auf dem Nachhauseweg wird sie dir erklären, dass du das Stehlen bleiben lassen musst, auch wenn du noch zu jung bist, um den Unterschied zwischen Recht und Unrecht zu kennen. Andernfalls muss beim nächsten Mal vielleicht die Polizei eingeschaltet werden. Das ist der perfekte Augenblick für die Frage, warum Papi von der Arbeit immer mit Tesafilmrollen in rauen Mengen und massenhaft Klebezetteln in der Tasche nach Hause kommt – ist das dann nicht Stehlen? An dieser Stelle wird Mami ein bisschen rot werden.

Dem Alltag entfliehen

Jedes Kind braucht einen Rückzugsort, an dem es für sich sein kann, an dem es sich entspannen und abschalten kann.

Das Tolle ist, dass man ein solches „zweites Zuhause" einfach überall finden kann – hinter dem Vorhang im Wohnzimmer, im Kleiderschrank oder in der schmalen Spalte zwischen dem Schuppen und Nachbars Gartenzaun. Aber achte stets darauf, es geheim zu halten!

Wenn Mami das nächste Mal nicht hinsieht – weil sie vielleicht in die neue *Cosmopolitan* vertieft ist – steure dein Versteck an und kauer dich auf den Boden. Nimm deine liebsten Kuscheltiere und auch ein paar kleine Zwischenmahlzeiten mit. Wie wär's mit einem kleinen Nickerchen?

Ein Riesenspaß ist es, mucksmäuschenstill zu sein, wenn du merkst, dass Mami nach dir sucht. Dieses Spiel nennt man dann Verstecken. Du wirst sie die Haustür überprüfen und dann durch jedes Zimmer im Haus laufen hören, bevor sie wieder nach der Haustür sieht. Dann wird sie anfangen nach dir zu rufen – klingt ihre Stimme nicht lustig?! Vielleicht sagt sie Dinge zu sich selbst wie:

* „Warum war mir der SportScheck-Online-Schlussverkauf wichtiger, als nach meinem Sohn zu sehen?"
* „Ich bin eine schreckliche Mutter."
* „Ich verspreche, sie nie wieder anzuschreien, selbst wenn sie aus der Toilette trinkt. Wenn sie bloß in Sicherheit ist."

Warte, bis Mami kurz davor ist, die Polizei zu rufen, dann tauch plötzlich wieder auf. Sieh nur Mamis Gesichtsausdruck! Sie wird dich herzen und mit Küssen übersähen, und dir dann die Leviten lesen. Und dann wird sie dich wieder küssen. Keine Bange, sie wird schon wieder.

35 Anhänglich sein

Eine tolle Art und Weise Mami zu zeigen, wie sehr du sie magst, ist, eine anhängliche Phase durchzumachen. Wenn du dich an folgende Ratschläge hältst, wirst du ihr erfolgreich versichern, dass du sie garantiert niemals mehr gehen lässt:

* Mach es dir gemütlich. Quetsch dich neben sie auf den winzigen Rest vom Stuhl und biete ihr an, dass du für sie die Seiten der Zeitschrift umblättern kannst. Wenn sie auf einem Sofa sitzt, kletter hinter ihr hoch und schling deine Arme ganz fest um ihren Hals.
* Fahr mit einem Spielzeugauto ihren Arm hoch und runter, hol eine Puppe und lass sie auf ihrem Schoß auf und ab springen und gib ihr viele Küsse, während sie versucht fernzusehen.
* Folge ihr wie ein Welpe überall hin, sodass sie jedes Mal über dich stolpert, wenn sie sich umdreht.
* Tu so, als ob du ihr Schatten seist, indem du dich oben auf ihre Hausschuhe draufstellst oder dich an ihre Beine

hängst, sodass sie die Hausarbeit schlurfenderweise erledigen muss.

* Sei Mami treu. Weigere dich, mit irgendjemand anderem als Mami – egal ob Familienmitgliedern oder Fremden – Umgang zu haben. Sitze bei allen gesellschaftlichen Anlässen inklusive der Krabbelgruppe auf ihrem Schoß.
* Verhilf ihr zum Muskelaufbau, indem du dich überall hin von ihr tragen lässt.
* Lass sie nie allein. Beharre darauf, mit ihr überall hin zu gehen, einschließlich des Klos.

36 Auf und mit allem fahren

Du bist in den Supermarktgängen im Einkaufswagen spazieren gefahren und in der Schubkarre den Garten hoch- und runtergezockelt, aber da geht noch viel mehr – wenn es Räder und Griffe hat oder über den Boden geschleift werden kann, schreit es nach einer Freifahrt für dich.

Stell dir einen normalen Tag zu Hause vor. Vielleicht staubsaugt Mami heute – warum nicht mal aufspringen und mitfahren? Vielleicht hängt sie Wäsche auf – das bedeutet, dass ein leerer Wäschekorb aus dem Garten wieder hereingetragen wird, und in dem könntest du dich befinden! Oder sie stellt die Papiertonne raus – warum nicht obendrauf sitzen? Soviel mal nur für den Anfang.

Setz dich am Flughafen auf einen Koffer, kletter in die Strandtasche oder hüpf in Omas Einkaufswägelchen. Fahr auf dem Fließband an der Kasse im Supermarkt, kraxle auf den Abzieher, wenn Mami den Boden wischt, oder steig in einen leeren Karton und lass dich herumschieben.

Und wenn der Erwachsene sagt, „So, jetzt ist Schluss, runter mit dir", denk an deinen Text: „Nur noch ein einziges Mal … biiitteeeee."

37 Mami aussperren

Du denkst, du kennst Mami – aber tust du das wirklich? Du kannst Mamis Charakter wahrhaftig testen, indem du herausfindest, wie sie eine Krise meistert. Schlag doch mal die Tür vor ihrer Nase zu, wenn sie das nächste Mal die Einkäufe reinträgt. Sie wird blitzschnell erfassen, dass sie ausgeschlossen ist – ohne Schlüssel, Handtasche oder Handy – und dass du drin bist.

Top-Tipp: Weine laut, um ihren Spannungsgrad in die Höhe zu treiben.

Nun lehn dich zurück und beobachte. Die Art und Weise, wie Mami reagiert, sagt eine Menge über ihren Persönlichkeitstyp aus, und kann dir Hinweise darauf geben, wie du mal werden wirst.

* Stochert sie mit einem langen Stock durch den Briefkastenschlitz, um an den Schlüsselbund zu gelangen, den sie an die Wand gehängt hat, damit er außerhalb deiner Reichweite ist? Mami ist eine STRATEGIN. Zur Problemlösung wendet sie strukturiertes, logisches Denken an.

* Zerschlägt sie ein Fenster, klettert hindurch und hinterlässt eine Scherbenspur? Mami ist die GEBORENE ANFÜHRERIN. Sie erledigt die großen Aufgaben und lässt andere hinterher ihr Chaos beseitigen.

* Geht sie in aller Ruhe in den Garten und holt den Ersatzschlüssel, den sie unter dem Kaninchenstall aufbewahrt? Mami ist eine REALISTIN. Sie wusste, dass dies eines Tages passieren würde.

Ans Telefon gehen

Das ist für alle Beteiligten eine Win-win-Situation. Du hebst für dein Leben gern den Telefonhörer ab und die Person am anderen Ende freut sich wie ein Honigkuchenpferd, dich zu hören. Du musst dich allerdings um anständige Telefonmanieren bemühen. Wenn das Telefon klingelt, mach Folgendes:

1. Sei als Erste/r beim Telefon, nimm den Hörer ab und sage „Hallo?"

2. Sag noch mal „Hallo?"

3. Die Person am anderen Ende der Leitung wird dich bitten, mit Mami oder Papi sprechen zu dürfen. Das Beben in ihrer Stimme ist Zeichen ihrer „Geduld".

4. Sag ein weiteres Mal „Hallo?"

5. Geh dazu über, wahllose Kommentare einzuwerfen, wie zum Beispiel „Hab Aa gemacht", „Bär weg" oder „Huhee!"

Jetzt hast du zwei Möglichkeiten – entweder lass das Telefon ausgehängt und zieh von dannen, ohne den Anruf irgendjemandem gegenüber zu erwähnen, oder leg den Hörer sorgfältig wieder auf.

Sei unbesorgt. Es kann schon bald wieder klingeln und sich dir eine weitere Gelegenheit zum Abheben bieten.

39 Aus deinem Bettchen kommen, selbst wenn du einen Schlafsack anhast

Stell dir folgendes Bild vor: Mami hängt mit einem Glas Wein auf dem Sofa und guckt sich eine Sendung zum Thema „Leben auf dem Lande" an, in der Gewissheit, dass du in deinem Bettchen gefangen ... Verzeihung, geborgen bist. Sieh nur ihren Gesichtsausdruck, wenn du plötzlich – triumphierend – an der Wohnzimmertür auftauchst.

Wenn du nicht langsam herausfindest, wie du das „Schlafsackproblem" löst, stehen dir viele einsame Nächte in deinem Bettchen bevor, wo dir nur Hasi Gesellschaft leistet. Aus Schlafsäcken mit Druckknöpfen oder Klettverschluss kommst du leicht heraus. Wenn dir das Glück nicht gar so hold ist, hat deiner einen Reißverschluss. Wenn du dir schon einen Namen als „Kletterer" gemacht hast, wird Mami dich in einen linksherum gewendeten Schlafsack stecken – da wird der Reißverschluss von innen zugezogen. Wenn das der Fall ist, steckst du in der Klemme und wirst lernen müssen, wie du darin laufen kannst – das wird dir immerhin beim Sackhüpfen an deinem ersten Sporttag zugutekommen.

Wenn du also ein „Kletterer" bist, wirf eine Decke auf den Boden, um den Sturz abzufangen, und kipp dich dann aus deinem Bettchen. Geh leise Richtung Wohnzimmer – entweder, indem du im Schlafsack über den Boden schlurfst, oder, indem du deinen Schlafsack wie einen Superheldenumhang hinter dir herziehst. Halte kurz inne und genieß den Anblick von Mami in völliger Entspannung, bevor sie merkt, dass du da stehst. Sieht sie nicht herzig aus?

Die Blumen in Omas Garten bei lebendigem Leibe köpfen

Wenn Omi nicht viel Spielzeug hat, mit dem du spielen kannst, musst du dir einfach eine andere Beschäftigung suchen – und Blumenköpfen bietet sich da sehr gut an. Stopf in deine Taschen nur die größten und perfektesten Blüten. Mit den verwelkten Teilen gib dich gar nicht erst ab.

Du kannst auch:
* Einmal in jeden Apfel aus Omis Obstschale beißen und sie dann sorgfältig mit der angebissenen Seite nach unten wieder zurücklegen.
* Mithilfe deines Daumennagels hübsche Muster in die Blätter ihres preisgekrönten Gummibaums drücken. Zunächst werden die Muster recht zart aussehen, doch wenn die Blätter älter werden, treten sie deutlicher zutage.
* Ordne ihre Kühlschrankmagnetsammlung, die sie aus den Urlauben der letzten dreißig Jahre mitgebracht hat, neu an. Lass die Besten in die fünf Millimeter schmale Lücke zwischen Kühl- und Küchenschrank gleiten.
* Setz dich hin und verspeise den Inhalt der Zuckerschale.

Du wirst deinen Spaß haben, während Omi mit Mami und Papi Neuigkeiten austauscht. Mach dir keine Gedanken – was du angestellt hast wird sie erst entdecken, wenn du längst wieder fort bist.

IM ALTER VON 2 BIS 3 JAHREN

GÖNN DIR EIN BISSCHEN „ICH, ICH, ICH"-ZEIT

Vielleicht hast du schon vom „Trotzalter" gehört. Leider ist es wahr – sowohl Mami als auch Papi können in diesem Jahr schrecklich trotzig sein, was eine Schande ist, wo sie doch immer auf dich einreden, dass du dir ein paar Manieren zulegen solltest.

In diesem Jahr kannst du herumexperimentieren und deine Abenteuerlust bei allem, was du tust, voll und ganz ausleben. Versuche mit dem Kopf voran und einem Eimer über demselben das Treppengeländer herunterzurutschen oder das neue Sofa vollständig mit Margarine einzureiben. Es kommt gar nicht darauf an, was du tust, solange du es alleine tust ... ohne die Hilfe von irgendjemandem. Mach dir keine Gedanken, wie lange du zum Schuhe anziehen brauchst, oder welcher Schuh an welchen Fuß kommt – wenn Mami zu spät zur Arbeit kommt, kommt sie zu spät zur Arbeit; so einfach ist das.

Die Hauptsache ist, deine Eltern stets im Ungewissen zu lassen. Sei im einen Moment superanhänglich mit Mami und stoße sie im nächsten Moment von dir weg; trödle stundenlang auf einem simplen Ausflug zum Briefkasten herum und schieß dann unerwartet davon, wenn Papi dich im Supermarkt aus dem Buggy lässt. Wie bei Überraschungseiern wissen sie nie, was als Nächstes kommen wird.

Genau genommen ist es eigentlich völlig egal, was du dieses Jahr ausheckst oder wen du ärgerst, weil du dich – wie der Besoffene, der am Morgen mit einem Verkehrskegel auf dem Kopf aufwacht – nicht an das Geringste erinnern wirst. Genieß die Zeit, solange sie noch währt!

41 Auf der stillen Treppe Spaß haben

Definition: „Stille Treppe", der langweilige Ort, an den ein Kind geschickt wird, wenn es ungezogen war. Der klassische Ort der stillen Treppe ist die unterste Treppenstufe in einem Einfamilienhaus, in deren Umkreis ein Erwachsener gleichzeitig Disziplin walten lassen und das Abendessen richten kann. Es kann freilich auch jede andere Stufe verwendet werden – zum Beispiel die Bordsteinkante vorm Buchladen oder der Mauersims vorm Café.

Wenn du das Pech hattest, von einem ärgerlichen Erwachsenen auf die stille Treppe verbannt worden zu sein, kann die Zeit ziemlich lang werden. Es ist also überaus wichtig, eine interessante Beschäftigung zu finden ...

* Aufgeweckte Kleinkinder können – buchstäblich – immer etwas aus dem Ärmel schütteln. Trage stets eine kleine Puppe oder ein Spielzeugauto versteckt an deinem Körper mit dir, damit du etwas hast, womit du heimlich spielen kannst, während du unter Treppenarrest stehst. Teste mal diese neuartigen Schuhe, bei denen man Spielzeug im Absatz bunkern kann – zieh den Schuh einfach aus und heb die Einlegesohle an, um daran zu kommen. Der Platz könnte auch noch für einen kleinen Imbiss ausreichen.

* Wenn du nicht das Glück hast, auf versteckte Sachen zurückgreifen zu können, nutze die beschränkten Möglichkeiten, die sich dir bieten: Bohre in der Nase, oder fahre mit

einem Fingernagel den Tapetenfalz entlang, bis sich die Tapete von der Wand lösen lässt – mal sehen, wie viele Fetzen du abschälen kannst, bevor der Erwachsene wiederkommt.

* Trainiere deine Stimmbänder mit einem Liedchen. Bemüh dich, es so schwermütig wie möglich klingen zu lassen, um für größtmögliche Schuldgefühle auf Erwachsenenseite zu sorgen. Wenn du traurig nicht hinbekommst, probier's mal mit gebetsmühlenartig.

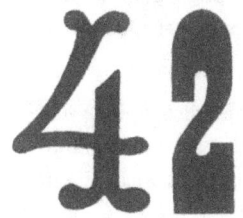

Einen DVD-Player ruinieren

Wenn Papi das nächste Mal seine World at War-DVD aus dem Player nimmt, sieh gut hin, damit du mitbekommst, mit welchem Knopf sich die DVD-Schublade herausfahren lässt. Wenn Papi das Zimmer verlässt, nimm dir Zeit, dich mit dem Prozess eingehend vertraut zu machen – immer und immer wieder. Wenn du kräftig genug an der Schublade ziehst, kannst du sie vielleicht in einem Rutsch abbekommen. Wenn das nicht hinhaut, finde doch heraus, welche Dinge du so auf die Schublade legen und in das Gerät einspeisen kannst! Das ist komplizierter, als es klingt, weil der schmale Schlitz der DVD-Player die heutigen Kinder vor eine größere Herausforderung stellt als es die briefkastengroße Öffnung der altertümlichen Videorekorder in früheren Generationen tat.

Tipp: Eine große Reiswaffel passt perfekt. Lutsche schnell noch ein bisschen am Rand herum, bevor du sie auf die Schublade legst, damit sie auch gut kleben bleibt.

Perlen, Blütenköpfe und der Schwamm aus Mamis Puderdose sind auch einen Versuch wert. Auch das einfache Marmeladenbrot, schön klein geschnitten, ist in aller Regel ein verlässlicher Kandidat. Es könnte allerdings sein, dass du es ein bisschen herunterdrücken musst.

Super-Tipp: Es lohnt sich, in die entgegengesetzte Richtung davon zu schlendern, wenn Papi anklagend fragt: „Hast du wieder an dem Gerät herumgespielt?"

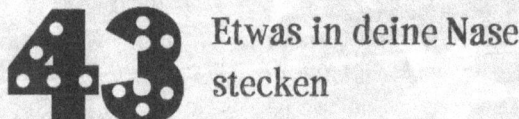

Etwas in deine Nase stecken

Deine Nase ist innen drin wie Dr. Whos Zeit-Raum-Maschine TARDIS – viel größer als sie von außen erscheint. Warum nicht herausfinden, welche Alltagsgegenstände in dein Riechorgan passen? Jeder probiert das früher oder später – einmal.

Die 10 tollsten Dinge zum in die Nase stecken:

1. Eine Erbse.
2. Eine Erdnuss.
3. Einen Barbie-Schuh.
4. Eine Murmel.
5. Das entscheidende Kleinteil aus Papis Uhr, das auf dem Kaminsims liegt, bis er dazu kommt, die Uhr zu reparieren.
6. Die Hunde-Spielfigur aus deinem Monopoly-Spiel.
7. Das Endstück eines Lippenpflegestiftes.
8. Einen Knopf.
9. Eine Perle.
10. Eine (gefüllte) Olive.

Die 5 besten Arten, einen Gegenstand wieder aus deiner Nase zu bekommen:

1. In ein Taschentuch schnäuzen.
2. Mami den Gegenstand aus deinem Nasenloch saugen lassen.
3. Zum Arzt gehen.
4. Ein Magnet (nur wenn ein Kugellager in deiner Nase steckt).
5. Ein operativer Eingriff (dieser kann ein Eis zur Folge haben).

Urkunden und Medaillen gewinnen

Der Ruderer Steve Redgrave hat für nur fünf olympische Goldmedaillen fast zwanzig Jahre gebraucht. Und Stephen Hawking hat es innerhalb von vierzig Jahren nur auf schäbige sechs Auszeichnungen gebracht. Heutzutage bekommt jedes Kleinkind, das ein bisschen was auf sich hält, ein Dutzend solcher Preise im Laufe seines ersten Halbjahres in der Kinderkrippe. Das liegt daran, dass man aktuell mit allem, was man tut, etwas gewinnen kann. Zum Beispiel:

* Ein Bild gut ausgemalt? Urkunde.
* Einen Ausflug in den Freizeitpark gemacht? Medaille.
* Einen Schäfer im Krippenspiel gespielt? Medaille.
* Neues Paar Schuhe? Urkunde.
* Zahnarzttermin? Medaille.
* Bei einem Sponsorenlauf 73 Cent für die Kinderkrippe erzielt? Urkunde.

Medaillen sind ein klein wenig begehrter, weil man sie dem Teddybär umlegen oder anstecken kann, wenn man nach Hause kommt. Und außerdem sind sie wahrscheinlich aus echtem Gold gemacht und du kannst sie gegen ein Haus eintauschen, wenn du älter bist.

Die Eltern anderer Kinder gratulieren dir immer gerne zum Erhalt deiner jüngsten Medaille – es sei denn, sie ist für den Sieg bei der Schachweltmeisterschaft oder bei „Jugend musiziert". Dann verstummen sie ein bisschen.

45 Einen Zaubertrank machen

Vertrödle einen Nachmittag mit dem Brauen eines Zaubertranks. Wenn du die perfekte Mischung hinbekommst, macht er dich vielleicht unsichtbar.

Du brauchst dazu ein großes Gefäß, zum Beispiel einen Eimer, die Spülschüssel oder einen von Papis Schuhen.

Und so machst du's:

1. Schütte etwas Matsch oder Sand in dein Gefäß. Rühre mit einem großen Ast darin herum und gib gleichzeitig Flüssigkeit hinzu – Pfützenwasser ist ideal.
2. Füge nun alle weiteren Zutaten hinzu, auf die du Lust hast – glitschige Blätter, Kiefernzapfen, Blumen oder Kies sind perfekt.
3. Garniere es mit einem Spritzer Sonnenmilch, Lebensmittelfarbe oder Mamis Chanel No. 5.
4. Rühr das Ganze noch mal kräftig um und schleppe das Gefäß dann in die Sonne, damit das Gebräu etwas köcheln kann. Schau mal wie das spritzt!
5. Gib ihm einen Namen – „Stinkekuchen" ist zum Beispiel immer sehr beliebt. Der Trank wird dann einige Stunden brauchen, um Aroma und Wirkkraft ganz und gar zu entfalten, deshalb geh ins Haus und sieh fern.
6. Vergiss ihn viereinhalb Wochen lang komplett.
7. Mami wird den Trunk schließlich finden, und genau in dem Moment, in dem sie ihn in den Abfluss schütten will, flippst du völlig aus und teilst ihr mit, dass du „gerade damit spielen wolltest".

8. Schleppe ein paar Teddybären zu einem „Punschpicknick".
   Setze sie um das Gefäß und achte darauf, dass du sie gut
   aufrichtest – sonst fallen sie mit der Nase voran in den
   Punsch.

Merke: Bei sorgfältiger Handhabung kann ein solcher Trank
mehrere Jahre halten.

46 Mami im Flugzeug eine ganze Sitzreihe besorgen

Mami sollte im Flugzeug nicht dafür zahlen müssen, dass du in der Business Class so viel Platz bekommst, wie du brauchst – das Geld braucht sie doch, um Comics und Aufkleber zu kaufen. Wenn du also nicht stundenlang neben einem missbilligend dreinblickenden Dicken zerdrückt werden willst, müssen Mami und du zusammenarbeiten.

Sorge dafür, dass du mit einer Fluggesellschaft fliegst, die die Sitzplatzvergabe abgeschafft hat – das heißt „wer zuerst kommt, malt zuerst". Guck mal wie schnell Mami deinen Buggy an den Anfang der Schlange schubsen kann! Halt dich gut fest – zum Anschnallen bleibt keine Zeit.

An Bord angelangt, schmeiß dich in eine schöne, leere Sitzreihe und mach dich breit. Die Kunst besteht nun darin, jeglichen Mitreisenden davon abzuhalten, sich zu dir zu setzen. „Geh weg, du stinkst" darfst du nicht sagen, du musst also ein bisschen raffinierter vorgehen. Du könntest beliebig von den folgenden Vorschlägen Gebrauch machen:

* Zieh mit Mami mit wenn sie Dinge sagt wie „Oh Mäuschen, ich hoffe es wird dir nicht wieder schlecht", selbst wenn es dir ausgezeichnet geht. Schlaue Mami.
* Fang hysterisch an zu schreien. Je lauter desto besser.
* Wenn du dich auf der Fahrt zum Flughafen schon ausgebrüllt hast, versuch es mit einem Lied. Wenn du am Ende angekommen bist, fang wieder von vorne an.
* Setz dich hin und fang an, in die Sitze vor dir zu treten – auf diese Weise hast du am Ende zwei Reihen ganz für dich.

Sobald die Türen geschlossen werden, lehn dich zurück und genieß den Flug!

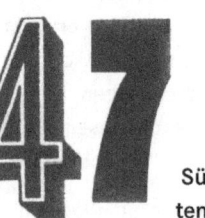

Ein wählerischer Esser sein

Süßigkeiten und Kekse sind die schönsten Lebensmittel. Sorge dafür, dass sie zum Hauptbestandteil deines Speiseplans aufsteigen, indem du ein wählerischer Esser wirst.

Merke: Wenn du ein wählerischer Esser bist, wirst du nämlich auch zur Kenntnis genommen – und jedes Kleinkind braucht Beachtung. Wird Leuten wie Madonna Aufmerksamkeit geschenkt, weil sie eine klasse Sängerin ist? Nein. Sondern weil sie ein wählerischer Esser ist.

Im Leben eines wählerischen Essers gibt es nur eine Regel ...

ÄNDERE STÄNDIG DIE REGELN!

Beginne damit, dass du alles Essen verweigerst, das Mami in mehr als einer Pfanne zubereitet hat, oder wozu sie mehr als zwanzig Minuten gebraucht hat, oder worin sich unterschiedliche Lebensmittelarten berühren.

Jetzt, wo du sie in ihren Möglichkeiten schon gut eingeschränkt hast, verweigere alles Grüne, oder alles, was Klumpen enthält. Und sieh dich bei allen breiigen Speisen vor – sie könnten püriertes Gemüse enthalten.

Vielleicht ziehst du es auch vor, dich einfach auf ein paar wenige akzeptierte Lebensmittel zu beschränken – zum Beispiel Fladenbrot und Karotten. Bestehe aber trotzdem darauf, dass das Fladenbrot leicht erwärmt und in zentimeterbreite Streifen geschnitten serviert wird. Die Karotten sollten roh und in Scheiben geschnitten sein – verschmähe jede Karotte, die dir in Streifen geschnitten unterbreitet wird. Eines schönen Tages kannst du dann auch dieses Essen verweigern.

Bleib dabei und eines Tages wird Mami schon hocherfreut sein, wenn du nur ein Marmeladenbrot zu Abend isst – in der Marmelade ist immerhin Obst.

48

Im Zoo die Kaninchen am liebsten mögen

Mami und Papi finden die Idee ganz toll, dich mit der Natur in Kontakt zu bringen. Und nachdem sie 43 Euro für die Eintrittskarten in den Zoo gezahlt haben, könnten sie sich totlachen, wenn dein Lieblingstier eines ist, das du auch in Nachbars Kaninchenstall anschauen könntest.

Wenn du also gefragt wirst „Welches Tier hat dir am besten gefallen?", antworte einfach „die Kaninchen".

Daraufhin wirst du mit einer ganzen Reihe von Fragen und tierkundlichen Fakten konfrontiert werden:

Sie: Aber mochtest du die Geparden gar nicht? Die können 110 Stundenkilometer schnell rennen.

Du: Kaninchen.

Sie: Und die Elefanten? Die wiegen acht Tonnen.

Du: Kaninchen.

Sie: Aber die Giraffen hast du doch gemocht? Die können sechseinhalb Meter groß werden.

Du: Kaninchen.

Ein zusätzlicher Vorteil dieser Herangehensweise besteht darin, dass du in Zukunft sogar noch mehr Ausflüge in den Zoo genießen können wirst – Mami und Papi mögen es nicht gerne, wenn man ihnen beweist, dass sie Unrecht haben.

49 Papis Computer abstürzen lassen

Der Anblick von Papa am Computer erinnert dich daran, dass du was auf der *Seite mit der Maus* spielen wolltest. So bekommst du ihn von seinem Laptop weg und dich daran:

1. Steure auf Papi zu und frag ihn, was er tut. Er wird dir erklären, dass er arbeitet.
2. Frag ihn, ob du zuschauen kannst. Er wird sagen „Okay, aber nur wenn du still bist" – er muss seinen Bericht bis morgen abgeben, sonst verliert er seine Arbeit.
3. Frag, ob du auf seinem Schoß sitzen darfst. Er wird es erlauben, wenn du versprichst, die Tastatur nicht zu berühren.
4. Sieh zu, wie Papi tippt. Wie seine Finger fliegen! Er wird lachen und sagen, er wünschte er könnte immer zu Hause arbeiten – mit dir hier zu sein sei viel lustiger, als in seinem langweiligen Büro zu sitzen.
5. Frag, ob du dir die Seite mit der Maus anschauen kannst. Papi wird sagen, dass du das gleich tun kannst, wenn die Rechtschreibprüfung in seinem Dokument durchgelaufen ist. Er wird dich noch mal ermahnen, die Tastatur nicht anzufassen.
6. Drücke jetzt auf die Tastatur.
7. Schau zu, wie der Bildschirm schwarz wird. Papi wird dich auffordern, von seinem Schoß zu verschwinden, weil jetzt nämlich alles verloren ist.
8. Frag, ob du deine Computerspiele spielen kannst.
9. Sieh dir Papi an, wie er, den Kopf in die Hände vergraben, sich vor und zurück wiegt.

10. Geh fernsehen, während Papi regelt, wer seinen Computer repariert. Vielleicht kannst du dann nachher die Lilifee-Bilder runterladen.

Merke: Wenn du zu beschäftigt bist, alle zehn Etappen zu absolvieren, stolper einfach über das Stromkabel.

50 Für Papi eine Glanzleistung vollbringen – aber nur ein einziges Mal

Wenn du Papi das nächste Mal alleine erwischst, beeindrucke ihn doch mal mit frühreifem Können.

Du könntest zum Beispiel auf Schwedisch bis zehn zählen oder eine täuschend echte Homer Simpson-Imitation abliefern. Eh du dich versiehst wird er nach Mami brüllen, dich vor sie hinstellen und dich anweisen, es noch mal zu tun. In diesem Moment schaust du ihn dann ausdruckslos an, als ob du gar nicht wüsstest, wovon er spricht.

Er wird dich noch mal fragen, und dann noch mal. Zum Schluss wird er dich anflehen. Zwanzig Minuten später, wenn du davonziehst, um ein bisschen Lego zu spielen, wirst du ihn Sachen sagen hören wie „Aber er kann den Zauberwürfel wirklich lösen" oder „Ehrlich, Judith, sie wusste tatsächlich, dass es ein Buntspecht war". Schau dir im Rausgehen Mamas Gesichtsausdruck an. Sie wird denken, er sei verrückt geworden.

Einen Weltrekord für die längste Zeit auf einer Schaukel gewinnen

Eine gute Möglichkeit, deine Eltern ihre überschüssige Energie verbrennen zu lassen ist, sie rüber in den Park zu bewegen und dich ein paar Stunden auf der Schaukel anschubsen zu lassen. Wenn du schon mal dort bist, kannst du auch gleich versuchen, ins Guinness Buch der Rekorde zu kommen, für „die längste Zeit, die je auf einer Schaukel verbracht wurde (in ständiger Bewegung)". Es gibt da allerdings drei Haupthindernisse für jeden Möchtegern-Rekordbrecher in dieser Kategorie:

1. Andere Kinder warten darauf, auch mal dranzukommen. Ignoriere sie – vergiss nicht, du warst als Erste/r bei der Schaukel. Ignoriere auch deren penetrante Eltern. Den Vater, der laut verkündet: „Keine Angst, Kalle. Das Kind ist schon wirklich lange auf der Schaukel und ist bestimmt bald fertig." Das ist reine Taktik, um dich von der Schaukel runter und sein Kind drauf zu bekommen.

2. Deine Eltern sagen, ihre Arme würden müde. Wende bei jedem Elternteil eine andere Taktik an. Papi schmeichle, indem du ihm erklärst, seine Arme könnten ganz sicher nicht müde sein, wo er doch „Superpapi" ist. Das wird ihn so freuen, dass du mindestens eine weitere halbe Stunde aus ihm rausholen kannst. Mami erzähle, dass ihre Arme in ihrem neuen ärmellosen T-Shirt ganz reizend aussehen –

das muss am vielen Anschubsen der letzten Zeit liegen. Sie wird entzückt sein, vor allem dann, wenn du es laut genug sagst, dass es auch all die anderen Mamis hören können.

3. Es ist Abendessenszeit. Fang an zu verhandeln. Wenn du Glück hast, darfst du dein Abendbrot unterwegs essen. Schick aber besser gleich ein Stoßgebet in den Himmel, dass es belegte Brote gibt und nicht etwa Spaghetti Bolognese – ansonsten musst du einfach behaupten, du hättest keinen Hunger und möchtest gar kein Abendbrot. Keine Sorge, wenn du mitten in der Nacht mit Kohldampf aufwachst, bereiten dir Mami und Papi nur allzu gern eine leichte, nahrhafte Mahlzeit zu.

52 Flitzer spielen

Die beste Art und Weise, eine langweilige Hochzeit aufzumischen ist, dich auszuziehen und kichernd durch die Kirche zu rennen. Genau genommen kannst du die Spannung bei fast jeglichem offiziellen Anlass brechen, wenn du dich bis aufs Adams- bzw. Evakostüm entblätterst und „Schaut mal alle her" rufst.

Tolle Gelegenheiten zum Flitzen:

* In jedem Restaurant mit weißen Tischdecken und ohne standardmäßige Kinderkarte und Malsachen.
* Beim Besuch in Mamis oder Papis Büro.
* Beerdigungen.
* Wenn du jemanden im Krankenhaus besuchst.
* Beim Zahnarzt.

Wie du es machst:

* Das Überraschungsmoment ist der Schlüssel zum Erfolg. Sag also niemandem, was du vorhast.
* Der richtige Zeitpunkt ist entscheidend. Keiner deiner Eltern sollte nah genug sein, um dich schnappen zu können.
* Reiß dir die Kleider vom Leib und renne um dein Leben – achte darauf, dass du deine Hose ganz ausziehst, sonst könnte sie dir ein Bein stellen.
* Renn so schnell deine Beine dich tragen.
* Registriere die Reaktionen in den Gesichtern der Leute – Heiterkeit, Schock und Ekel.

* Ein Elternteil wird dir nachjagen. Versuche, in scharfem Zickzack zu laufen. Erwachsene sind wie Elefanten – dank ihrer enormen Fülle fällt es ihnen schwer, die Richtung zu wechseln.
* Trotzdem werden sie dich irgendwann einfangen und dich über der Schulter hängend wie einen Sack Kartoffeln davontragen. Das ist ein bisschen beschämend, aber der Adrenalinstoß, den das Flitzen dir einbringt, ist es wert.

Zum Sammler werden

Um Sammler zu werden, brauchst du kein Geld. Sieh dich einfach um – du kannst überall tolles Zeug umsonst auflesen!

Beginne mit der „Nationalen Stocksammlung". Steck Mami ein paar Zweigchen in die Tasche, wenn du unterwegs bist. In den folgenden Monaten sammle immer größere Stöcke zusammen, bis Mami schließlich knapp zwei Meter lange Äste oben auf deinem Buggy aus dem Park nach Hause bringt.

Merke: Schlaue Eltern werden dich zu überzeugen versuchen, deine Stöcke am Parkausgang zu lassen, „damit ein Hund später damit spielen kann". Fall auf diesen Trick nicht herein – Hundebesitzer sagen nämlich fast dasselbe: „Aus, Hasso! Ein kleines Kind kann nachher damit spielen."

Im Laufe der Zeit wirst du feststellen, dass die Straßen buchstäblich mit Kostbarkeiten gepflastert sind, also halt die Augen offen! Halte Ausschau nach Münzen, kleinen Steinchen, die im

Regen hübsch aussehen, Metallstücken, alten Wattestäb-chen ... Die Liste kann beliebig verlängert werden.

Deponiere deine Fundstücke hinten am Buggy und kümme-re dich nicht mehr darum – d. h. es sei denn, du findest deine Sammelstücke in einem Mülleimer wieder. In dem Fall musst du sie in Mamis Handtasche überführen, wo sie sicher sind.

Freilichtpinkeln

Schickt das Toilettentraining dich aufs Töpfchen? Drau-ßen Pipi machen macht Spaß und du bekommst gleichzei-tig frische Luft!

Beim ersten Mal wird es wahrscheinlich noch ein Unfall sein. Im einen Moment sitzt du in der Hocke auf dem Rasen und siehst dir eine Schnecke an, im nächsten pinkelst du in die Hose. Okay, du wirst ein bisschen nass, aber du merkst auch sofort, dass das viel weniger Theater ist als Babyfeuchttücher und Händewaschen.

Mami wird es sich jetzt zur Gewohnheit machen, dein Töpf-chen stets mit sich zu tragen – sie wird sich freuen, dass du keine Windeln mehr brauchst und du wirst dich freuen, an al-len möglichen interessanten Orten pinkeln zu dürfen:

* Draußen vor einem Café. Lass nach dir noch andere Kinder kurz in dein Töpfchen pieseln. Mami leert es sowieso aus, da kann es ja genauso gut ganz voll sein.

* In einem Einkaufszentrum. Wenn du dein Töpfchen im Aufzug benutzt, kannst du gleichzeitig Pipi machen und Leute kennenlernen.
* In einer Riesenradgondel. Ein herrlicher Ausblick, eine Runde Pipi machen – was könnte es Kultivierteres geben?

Bevor du deine Töpfchenzeit hinter dir lässt, sorge dafür, dass du das ultimative Freiluftpinkelerlebnis bekommst ...

AUF DEM STANDSTREIFEN AN DER AUTOBAHN!

Ein Erwachsener wird dich dabei halten. Wenn du zurück ins Auto steigst, wirst du dich viel besser fühlen, und der Erwachsene hat ein nasses Bein. Das sind Freudentage.

55

Papi beim Vornamen nennen

Wusstest du, dass die Vornamen deiner Eltern nicht Mami und Papi sind? Anscheinend waren sie „richtige Leute", bevor sie dich bekamen, und hatten echte Namen wie Jenni und Paul, Vicci und David und Sandra und Georg.

Manche Eltern zieren sich ein bisschen, wenn es darum geht, ihrem Kind ihre Vornamen zu verraten. Bleib aber beharrlich, denn wenn du mal die Wahrheit ans Licht gebracht hast, kannst du in der Öffentlichkeit eine Menge Spaß haben.

Stell dir nur mal vor ... Eines Tages wirst du mit Papi in der Herrenabteilung von Karstadt herumschlendern, während

Mami eine Etage tiefer krampfhaft nach etwas zum Anziehen für eine Hochzeit sucht. Papi wird dich nach deiner Meinung zu einem Paar Cordhosen fragen. Du sagst: „Ich find sie super ... Stefan!"

Papi wird dich leise auffordern, ihn nicht Stefan zu nennen. Dann fängst du an, durch den Verkaufsraum zu springen und zu rufen „Was hast du denn? Magst du deinen Namen gar nicht, Stefan? Stefan. Stefan. Stefan!" Papi wird plötzlich laut und deutlich sagen „Nenn mich bitte nicht Stefan. Sag einfach ‚Papi' zu mir." Beobachte gut, wie es dann im ganzen Laden still wird. Papi wird sich umsehen und die mitleidvollen Blicke der anderen Kunden registrieren.

Ein Mann wird an ihn herantreten und leise zu ihm sagen: „Wie wär's wenn du mit ‚Onkel Stefan' anfängst, Kumpel? Das ist ja eine ganze Menge, was der Kleine akzeptieren muss, meinst du nicht?"

Wie Mami lachen wird, wenn du ihr erzählst, was passiert ist.

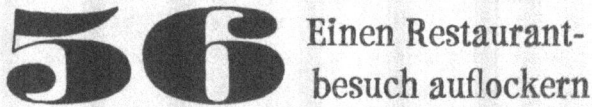

56 Einen Restaurantbesuch auflockern

Ein Restaurantbesuch ist ein besonderes Vergnügen für die ganze Familie. Mami hat einen Abend kochfrei, Papi kann die Bedienung mit seiner Kenntnis der Weinkarte beeindrucken („Den zweiten von oben bitte") und du kannst mit den Händetrocknern auf dem Klo spielen.

Merke: Achte auf den seltsamen Wandel in Mamis und Papis Verhalten im Vergleich zu den Mahlzeiten zu Hause. Wenn du dein Getränk verschüttest, bekommst du normalerweise ein scharfes „Pass auf!" zu hören. Im Restaurant wird daraus „Alles in Ordnung, Mäuschen? Möchtest du noch eins haben?" Mach dir diesen Wandel zunutze.

Hier also ein paar Sachen, die du machen kannst:

* Während du auf das Essen wartest, spaziere durch das Restaurant. Bleib stehen und starre jeden an, der irgendwie interessant aussieht. Sag nichts.

* Endlich kommt dein Essen, und es sieht lecker aus! Jetzt ist der Zeitpunkt gekommen zu merken, dass du wieder aufs Klo musst. Wenn Mami dich darauf hinweist, dass du schon drei Mal warst, erkläre laut, dass du „ein Würstchen machen" musst. Mami wird Papi anstrahlen, und der wird dich dann zur Toilette geleiten. Es besteht kein Grund zur Eile – lass dir dort ruhig Zeit.

* Zurück am Tisch iss nur, was du möchtest, und schieb den Rest auf Papis Teller, wenn er nicht hinsieht. Wenn ihr beim Verlassen des Restaurants in die helle Sonne blinzelt, wunderst du dich, dass es erst Viertel vor sechs ist.

57 Vor dem Fernseher zu Abend essen

Mami meint, Kinder sollten ihre Mahlzeiten an einem großen Tisch mit karierter Tischdecke einnehmen, von ihrem Tag erzählen und dabei klassische Musik hören. Wir wissen aber alle, dass du spätestens mit acht wie alle anderen auch vor der Kiste hängen, Cola trinken und Käsestangen essen wirst. Aber diese Zeit ist noch nicht gekommen – Mamis Traum ist noch nicht zerplatzt, du musst also vorsichtig vorgehen.

Fang langsam an ... Frag nach einer gesunden Zwischenmahlzeit, während du *Bob der Baumeister* schaust. Mami wird sich dermaßen freuen, dass du nach einer Schüssel Bananenscheiben gefragt hast, dass sie gar nicht merkt, was sich gerade zugetragen hat.

Mach sie Schritt für Schritt, Tag für Tag allmählich mürbe. Von Obst geh zu vollwertigen Lebensmitteln über, die Krümel verursachen (Vollkorntoast ist optimal). Eh du dich versiehst, wirst du den Tisch verlassen und vor einer Natursendung deinen Nachtisch essen dürfen.

Und von dort sind es nur noch wenige Schritte zum Nonplusultra – Pizza American Style zu Marienhof. Himmlisch.

Merke: Wenn du herausgefordert wirst, weise Mami darauf hin, dass sie genau das selber tut, wenn du im Bett bist.

58

Auf einer Rutschbahn sitzen und sich nicht vom Fleck bewegen wollen

Das obere Ende einer Rutsche ist die stärkste Position auf dem gesamten Spielplatz. Von dieser günstigen Lage aus kannst du nicht nur alles überblicken, sondern verfügst außerdem über die Macht, alle Rutschaktivitäten so lange du lustig bist, komplett lahmzulegen.

Top-Tipps:

* Lass deine Beine auf der Rutschbahn baumeln. Hinter dir wird sich rasch eine Schlange bilden.
* Stell keinen Blickkontakt mit Personen am unteren Ende der Rutschbahn her – sie werden dich nur überzeugen wollen, da runterzukommen.
* Hör auf niemanden, der bettelt, dass du in die Pötte kommen mögest. Starre einfach geradeaus und genieß die Macht.
* Halte dich seitlich am Geländer fest, damit dich andere Kinder nicht von hinten die Rutsche herunterschubsen können.
* Eine unförmige Jacke füllt etwaige Lücken auf Taillenhöhe aus, sodass niemand rechts oder links von dir die Rutsche betreten kann.

Papi wird versuchen, hochzulangen und dich zu fassen zu bekommen – lehn dich weiter zurück, um seinen Armen auszuweichen. Das wird Papi zwingen, hochzuklettern und dich zu holen. Sieht er nicht zum Schießen aus, wie er so auf allen Vieren kriecht?

Wenn Papi dich fast erreicht hat, ist der beste Moment, die Rutsche hinunterzusausen. Dann hat er keine andere Wahl, als selbst auch hinunterzurutschen. Hoffen wir, dass sein Popo nicht zu dick ist!

59 Dich mit Zucker zudröhnen

Hast du schon bemerkt, wie Mami hysterisch zu lachen anfängt, wenn sie ein bis zwei Gläser Wein getrunken hat? Oder wie Papi hin und her streunt und die Leute zum Armdrücken herausfordert, nachdem er ein paar Kurze hatte? Nun, ihr Verhalten ist auf die Wirkung einer magischen Flüssigkeit zurückzuführen, die man „Alkohol" nennt. Dummerweise dürfen Kinder noch keinen „Alkohol" trinken, aber keine Bange – etwas mit dem Namen „Zucker" hat genau denselben Effekt.

Zucker ist in all den besonders leckeren Speisen enthalten – Süßigkeiten, Keksen, Kuchen, Schokolade und Eis. Allein, viele Eltern wollen ihre Kinder keine zuckerhaltigen Lebensmittel essen lassen.

Merke: Eltern, die dir „zum Naschen" eine Reiswaffel anbieten, sind oftmals diejenigen, die komplette Packungen Double Chocolate Chip Cookies verputzen, wenn du es nicht mitbekommst.

Die beste Methode, zum ersten Mal ans richtige Zeug zu kommen ist, Erwachsene ins Visier zu nehmen, die nicht denselben Fimmel haben wie Mami und Papi. Beginn bei der älteren Generation – Oma wird dir wahrscheinlich mit Freuden sieben Vollkorn-Schokoladenkekse geben und behaupten, sie seien „sehr nahrhaft". Wenn das nicht funktioniert, konzentrier dich auf Erwachsene, die keine Ahnung von Kindern haben. Versuch deinen Babysitter Tante Susi, die kinderlose Freundin deiner Eltern, davon zu überzeugen, dass du vorm Schlafengehen immer Brause-Brocken und ein Glas süßen Sprudel bekommst. Ihr beiden werdet einen Riesenspaß haben und bis Mitternacht zusammen spielen.

Den „Optimalbereich" in einem Doppelbett finden

Vom Bettchen aufs Bett umzusteigen ist wirklich toll – weil du jetzt jede Nacht bei deinen Eltern verbringen kannst.

Am Anfang wirst du vielleicht noch willkommen geheißen. Wenn nicht, warte einfach, bis sie schlafen, kriech dann am Fußende ins Bett und krabble unter der Decke nach oben. Platziere dich im „Optimalbereich" genau in der Mitte der Matratze, was ja, wie wir alle wissen, der bequemste Teil in jedem Bett ist.

Mach den Auftakt, indem du die Embryonalstellung einnimmst und ein Kuscheltier umarmst, damit deine Arme auch garantiert ganz nah an deinem Körper bleiben. Vielleicht wachen deine Eltern jetzt auf und flüstern sich zu, wie niedlich du aussiehst. Beginn an dieser Stelle kein Gespräch, oder du läufst Gefahr in dein eigenes Bett zurückgeschickt zu werden. Sei einfach still, dann werdet ihr alle bald wieder einschlafen.

Wenn du die REM-Phase (engl. Rapid Eye Movement) des Schlafs erreicht hast, kannst du dich total entspannen. Hau Mami mit einem rudernden Arm auf die Nase und trete Papi in den Schniedel, während du eine 180-Grad-Drehung vollführst. Quer über das Bett ausgestreckt zu schlafen ist der erholsamste Teil der ganzen Nacht, genieß es also in vollen Zügen.

Stupse Mami am Morgen an (nicht zu fest, sonst fällt sie noch vom Bettrand) und frag sie, warum sie mit ihrem Kopf auf dem Nachttisch schläft. Geh Papi suchen – du wirst ihn zusammengerollt in deinem Kinderbett finden. Sieht er nicht drollig aus?!

IM ALTER VON DREI BIS VIER JAHREN

DAS GRANDIOSE DRITTE JAHR

Aller guten Dinge sind drei – das gilt auch für dich!

Jetzt, wo du drei bist, kommst du ins „Jahr der Fragen". Wie vor dir schon Sokrates und Ranga Yogeshwar in *W wie Wissen* wirst du schnell erkennen, dass der beste Weg um Neues zu lernen ist, aufschlussreiche Fragen zu stellen. Im Durchschnitt solltest du einunddreißig Fragen in der Stunde anstreben – wenn du zwölf Stunden auf bist, sind das 372 Fragen am Tag, mehr sogar falls du einen sogenannten „leichten Schlaf" hast. Wenn deine Eltern sich keine zufriedenstellenden Antworten einfallen lassen, bist du selbstverständlich gezwungen, ihnen dieselben Fragen immer wieder von Neuem zu stellen. Denk immer dran, dein Schlüsselwort in diesem Jahr ist „warum".

Mach dir keine Gedanken darüber, ob du jemanden verärgern könntest – du bist zu jung, um was von Taktgefühl zu verstehen. Wenn du wissen möchtest, warum „dieser Mann" stinkt, warum Tante Barbara nach ein paar Gläsern Wein zu heulen anfängt oder wie genau Babys aus Frauen rauskommen, ist jetzt die beste Gelegenheit zum Fragen.

Das Fragenstellen wird dir zu Erkenntnis verhelfen; und Erkenntnis ist genau das, was dich von dieser schrecklichen/ lästigen/furchtbaren Truppe – den Babys – unterscheidet. Für eine Person deines fortgeschrittenen Alters gibt es keine größere Beleidigung, als als „Baby" bezeichnet zu werden. Wenn es jemand wagt, leg dich einfach auf den Boden und schreie. Das wird ihnen beweisen, wie erwachsen du bist.

Also, auf geht's! Jetzt alle im Chor: waru-hu-huuuum???

61 Dir selbst eine Typ-Veränderung verpassen

In deinen jungen Jahren haben dich deine Eltern wahrscheinlich in allerlei alberne Verkleidungen gesteckt und auf deine Kosten herzhaft gelacht. Möglicherweise hast du die Beweise gesehen – Fotos von dir verkleidet als Kürbis (Halloween), als Häschen (Ostern) oder mit einer ulkigen Brille und einem mit Kajalstift aufgemalten Schnurrbart (Mamis Geburtstag – sie hatte ein paar Gläser intus). Lass diese Ära nun hinter dir. Es ist an der Zeit, dass du dir deinen Look selber aussuchst.

Mit einigen pfiffigen Tricks und ein wenig Erfahrung kannst du dich mühelos von Kopf bis Fuß verwandeln. Hier ein paar einfache Ideen zur Inspiration:

* Bemal dich selbst mit wasserfestem Filzstift. Der beste Zeitpunkt hierfür ist am Abend vor der Hochzeit deiner Tante, auf der du Blumenmädchen sein sollst. Beschränke dich nicht bloß auf deinen Körper – auch dein Gesicht sieht mit schwarzen Kringeln übersät einfach toll aus.
* Richte deine vorhandene Garderobe ganz individuell her und entwirf was Neues. Reiß dein seidenes Partyröckchen in Fetzen, um den eleganten Aschenputtel-Look zu erzielen, oder verteile Glitter-Kleber auf allen deinen T-Shirts.

* Auf in den Sommer mit einem neuen Look – das geht ganz leicht mit einer Kinderschere und dem 200 Euro-Estée Lauder-Schminkset, das Mami zu Weihnachten bekommen hat.

> Werde ein bisschen kreativ, und schon bald
> hast du einen ganz eigenen Stil!

62 Alles ungesunde Zeug bekommen, das du haben willst

Wenn deine Eltern knauserig sind, was Snacks betrifft, probier die folgenden Strategien. Die öffnen die Keksdose in Nullkommanichts!

* Setze hocheffektive Sprüche ein wie zum Beispiel „Ich brauch Sprit". Wenn du etwas Gesundes angeboten bekommst, Trauben zum Beispiel, schüttle den Kopf und erkläre, dass du „kekshungrig" bist.
* Mami möchte ungern gemein aussehen, deshalb frag nach einem Snack, wenn ein weiterer Erwachsener dabei ist. Zum Beispiel dann, wenn es an der Haustür klingelt und Mami höflich mit der alten Dame von gegenüber plaudert. Fünf Minuten zuvor hat sie noch gesagt, es sei nicht gut, so viel Zucker zu essen. Jetzt wird sie sagen, „Geh und hol dir was, Mäuschen."
* Hau den Babysitter übers Ohr. Wenn dich jemand hütet, erkläre umfassend, dass Mami und Papi dir alle Süßigkeiten erlauben, die du haben möchtest.

* Lass Mami nicht die „Mitgebsel"-Tüten kontrollieren, die du bei Geburtstagsfeiern bekommst. Vielleicht weißt du das noch nicht, aber bevor Mami die in die Hände kriegt, sind die Tüten ein geballter „Zuckerschock" – es ist also lebenswichtig, dass du sie als Erstes bekommst. Versuche, gleich bei deiner Ankunft nach einer solchen Tüte zu fragen, oder biete an, dein Geschenk dagegen einzutauschen. Alternativ kannst du dich auch die gesamte Feier über um den Tüten-Tisch herumdrücken. Du kannst dann halt keins der Spiele mitspielen, aber das ist es wert.

* Bedien dich. Eine lebenswichtige Alltagskompetenz ist zu lernen, wie man die Kühlschrank- beziehungsweise Tiefkühlfachtür öffnet. Da das allerdings ein ganzes Stückchen Kraft erfordert, solltest du in Erwägung ziehen, anschließend ein mittelgroßes Spielzeug gegen die geöffnete Tür zu lehnen, um dir das nächste Mal den Umstand gleich zu ersparen.

63 In einer fremden Unterhose nach Hause gehen

Jedes Kind hat in seiner Unterhosenschublade eine Ecke mit einem Sortiment fremder Unterhosen. Dieses enthält:

* Die Unterhose, die dir jemand geliehen hat, weil du ohne eine solche zu Besuch kamst.

- * Die Unterhose, die du geliehen hast, weil du in deine eigene hineingepinkelt hast.
- * Die Unterhose, die du geliehen hast, weil du bei jemandem bis zur Badezeit geblieben bist.
- * Die Unterhose, die du heimlich mit deinem Freund / deiner Freundin getauscht hast.
- * Die Unterhose, die du nach einer Verkleidungsorgie versehentlich angezogen hast.

Regeln fürs Unterhosenleihen

- * Keine Mutter gibt dir die beste Unterhose ihres Kindes. Stattdessen kriegst du eine schäbige Hose mit einer verwaschenen *Mickey Maus* oder halb zerfledderten *Teletubbies*.
- * Der Vater gibt dir die beste Unterhose seines Kindes, weil er fälschlicherweise annimmt, dass das ist, was die Mutter tun würde.
- * Wenn du die Unterhose zurückgibst, muss sie gewaschen und gebügelt und in eine durchsichtige Gefriertüte verpackt sein – sonst brauchst du sie gar nicht zurückgeben.
- * Unterhosen, die nicht zurückgegeben werden, dürfen mindestens sechs Monate lang an keine anderen Kinder verliehen werden, die zu Besuch kommen. Nach diesem Zeitraum kann nichts mehr passieren.

 ## Den Text einer kompletten Werbesendung nachplappern

Mami versucht dir zwar beizubringen deinen Namen zu schreiben oder bis zehn zu zählen, aber warum überraschst du sie nicht mal mit ein bisschen Wissen, das du beim fernsehen aufgeschnappt hast?

Sag so etwas wie: „Ist ihre Autoversicherung auch zu teuer? Wir machen Ihnen ein Angebot – wir nennen Ihnen den Preis, sie zahlen den Preis und keinen Cent mehr. Keine versteckten Zusatzkosten, rufen Sie uns an; kostenloser Versicherungsschutz bei Personenschaden, wir sind für Sie da."

Den bestmöglichen Effekt erzielst du, wenn du die Werbung genau dann repetierst, wenn Mami ihrer Freundin erzählt, wie sie deine Fernsehzeit auf eine halbe Stunde pro Tag beschränkt – und zwar vorzugsweise auf etwas Lehrreiches wie Löwenzahn. Wenn möglich, nimm die Werbung für einen Telefonanbieter oder für Schönheitsoperationen. Was wird Mami lachen.

Deinen Schnuller im Mund rotieren lassen

Wenn du das große Glück hattest, deinen Schnuller bis zum heutigen Tag behalten zu dürfen, willst du ihn doch nicht gerade jetzt einbüßen. Wenn Mami mit Kommentaren anfängt wie „Heb ihn dir doch fürs Schlafengehen auf" oder sogar „Ich flehe dich an, gewöhn dir den Schnuller ab – ich kauf dir auch einen Nintendo DS", dann weißt du, dass du deine Taktik ändern musst.

Statt einzuwilligen, ihn an deinem nächsten Geburtstag aufzugeben oder ihn für „arme Kinder" zu spenden, lerne einfach, ihn blitzschnell in deinem Mund kreisen zu lassen. Dieses raffinierte Kunststück beeindruckt Kinder und Erwachsene gleichermaßen und ist immer ein Bombenerfolg auf Festen. Es hilft sogar, das Ansehen deiner Eltern bei ihren Freunden wieder zu steigern. So geht's:

1. Schlendere ins Zimmer und schmatze laut mit deinem Schnuller, sodass sich alle umdrehen und dich angucken.
2. Schieb die Zungenspitze in die linke Backe.
3. Lass deine Zunge blitzschnell in die andere Backe schnalzen. Dadurch wird sich der Schnuller in deinem Mund um 180 Grad drehen.
4. Nimm den Applaus entgegen.
5. Schmatze laut und ziehe von dannen.

Einfach, aber wirkungsvoll.

Einen „unpassenden" Freund finden

Warum sollen Mami und Papi immer bestimmen dürfen, wer zum Spielen vorbeikommt? Du willst jemand lustiges, sie dagegen jemand „nettes". Zeit, mal auf den Tisch zu hauen und zur Abwechslung selbst zu bestimmen, wen du zum Kaffeetrinken einladen möchtest.

Fang doch mit den vier apokalyptischen, ganz und gar unmöglichen Freunden an:

1. Grobian. Bei der Ankunft wirkt er ruhig und bescheiden, aber er wird schnell munter, wenn seine Mami gegangen ist. Den Nachmittag verbringt er damit, das Haus zu verwüsten, Mami zu sagen, sie rieche nach Aa, und alles, was ihm nicht schmeckt, auf den Boden zu spucken. Grobian fällt in sein ruhiges, anspruchsloses Verhalten zurück, sobald seine Mami zurückkehrt. Und die wird sich hüten zu fragen, ob er sich benommen hat. Sie holt ihn nur ab und macht sich schnellstens aus dem Staub.

2. Ekzemia. Mami bemerkt Ekzemias rätselhafte Fleckenkultur erst, nachdem deine Freundin bereits den gesamten Inhalt deiner Verkleidungskiste anprobiert hat – ohne Unterhemd. Mami plant im Geiste bereits, alles im Kochwaschgang zu waschen, wenn Ekzemia gegangen ist. Dann taucht Ekzemias Mami auf, bleibt gleich noch für diverse Tassen Kaffee da und schlägt dann vor, dass ihr zwei zu-

sammen badet, „weil es ja schon spät ist". Ehe Mami sie davon abhalten kann, hat sie euch schon aus dem Wasser geholt und MIT DEMSELBEN HANDTUCH energisch trocken gerubbelt. Den Rest des Abends verbringt Mami dann damit, das Internet nach Informationen zu den Themen „Dellwarze" und „Grindflechte" zu durchsuchen.

3. Schlingel. Schlingel wirkt zunächst wohlerzogen. Während des Abendessens fragt er höflich, ob er schnell hoch aufs Klo flitzen kann. Mami schaut ihm hinterher und ist tief beeindruckt von seinen guten Manieren. Sie sagt sogar, sie wünschte, du hättest auch solch ein gutes Benehmen wie er. Oben spült Schlingel flugs ihr Weleda-Schaumbad den Abfluss herunter, bevor er den Stöpsel in die Badewanne steckt, den Wasserhahn voll aufdreht und dann zum Nachtisch wieder nach unten kommt.

4. Gruseline. Gruselines Mami hat ein „Hier schneiden"-Tattoo um ihren Hals und aus ihrer Nylon-Jogginghose guckt ein angegrauter Pailletten-Tanga. Sie ist durchaus höflich – drückt ihre Kippe im Geranientopf aus und stellt ihre Bierdose ab, bevor sie das Haus betritt – warum also sieht Mami hinterher nach, ob ihr Geldbeutel noch da ist?

Wenn Mami sich beschwert, hör zu wenn Papi zu Bedenken gibt, dass sie schließlich auch ihre unmöglichen apokalyptischen Freunde da haben darf – Klatschbase, Schwipsie, Konkurrenzia und Kommandotrine. Ach, was wird sie lachen!

67 Deinen Lieblingsfilm fünfzig Mal anschauen

Warum was Neues angucken? Du weißt, was du magst, und mögen tust du nun mal, was du kennst, und wenn du einen Lieblingsfilm hast, gibt es keinen Grund dazu, irgendeinen anderen Film zu sehen. Schließlich musst du dreißig Mal *Der König der Löwen* angucken, um dahinterzusteigen, vierzig Mal *Die Schöne und das Biest*, um die tiefere Bedeutungsebene zu erfassen, und fünfzig Mal *Mary Poppins*, um „superkalifragilistischexpiallegetisch" sagen zu können.

Eigentlich machst du's genau wie Mami – sie schaut ungefähr 250 Mal im Jahr *Sturm der Liebe*, und dabei scheint doch jede Folge wie die andere.

Trotzdem werden Mami und Papi dich zu überreden versuchen, etwas anderes zu schauen. Vielleicht leihen sie *Bambi* in der Bibliothek aus, oder machen dir eine unerwartete Freude mit *Shrek*. Ignoriere sie – selbst wenn sie nach dem achtundvierzigsten Mal, das Dornröschen die Spindel berührt, anfangen, sich hospitalistisch vor und zurückzuwiegen, sich die Köpfe halten und sagen „Ich dreh durch". Du musst standhaft bleiben. Es ist deine Abendroutine und dein Film.

Eines Tages beschließ dann ohne ersichtlichen Grund, dass du *High School Musical* sehen willst. Wenn Mami dich ungläubig ansieht und fragt, warum du nicht wie immer *Die Unglaublichen – The Incredibles* anschauen willst, sag einfach: „Das kenn ich schon".

68 Sei naiv

In deinem Alter ist es noch schwierig, Dichtung und Wahrheit auseinander zu halten. Sieh der Tatsache ins Auge – du befindest dich in einer Lebensphase, in der du wahrscheinlich alles glaubst, was Mami und Papi dir erzählen. Kommen diese klassischen Kommentare dir irgendwie bekannt vor?

* Ich hab gar kein Geld mit. Das ist aber schade.
* Nein, ich hab deine Schokolade nicht gegessen. Was du riechst, muss meine Zahnpasta mit Schokoladengeschmack sein.
* Natürlich hab ich keines deiner Kunstwerke weggeworfen. Das liegt alles fein säuberlich auf dem Dachboden.
* Fass niemals meinen Laptop an. Der ist sehr heiß und du wirst dir die Finger verbrennen.
* Das ist der allerletzte Keks im Haus.
* Da ist ganz sicher kein Gemüse drin.
* Ich hab keine Ahnung, wo das Schlagzeug hingekommen ist, das Omi dir zu Weihnachten geschenkt hat.
* Pinkle niemals ins Schwimmbecken. Die tun immer was ins Wasser, das das Wasser lila färbt, wenn es mit Pipi in Kontakt kommt. Dann fliegst du raus.
* Wie schade, dass der Eismann mit der Glocke klingelt – das bedeutet, dass er kein Eis mehr hat.

Das sind alles Lügen, die Mami und Papi erzählen, um Geld zu sparen, sich das Leben leichter zu machen oder sich einen Ast abzulachen. Revanchiere dich, wenn du dann mal fünf bist.

Wenn Mami versucht, dich umsonst ins Legoland zu schmuggeln, indem sie vorgibt, du wärst noch vier, frag sie laut, warum sie lügt. In dem Moment wird sie zwar böse sein, aber später wird sie darüber lachen.

69 Eine Sonnenblume pflanzen

Manche Erwachsenen machen viel Aufhebens um das Gärtnern und wollen dir weismachen, dass es total kompliziert ist. In Wahrheit ist Sachen pflanzen echt easy – und das kannst du beweisen, indem du eine gewaltige Sonnenblume heranzüchtest. Mal ehrlich, wie schwierig kann Gärtnern wohl sein, wenn ein Kind die größte und beste Blume von allen hinbekommt, und das in Nullkommanichts?

1. Lass einen Samen in einen Topf mit Erde fallen.
2. Gieß ihn zwölf Mal am Tag – aber nur am ersten Tag.
3. Beobachte die Erde konzentriert und frag Mami, wann das grüne Etwas herauskommen wird. Mach dich gelangweilt vom Acker.
4. Überlass das Gießen Mami.
5. Stelle fest, dass Mami den Setzling in einen größeren

Topf umgepflanzt hat. Betrachte ihn eine Weile, dann zieh gelangweilt von dannen.

6. Bitte eine Nachbarin, die Sonnenblume zu gießen, während du im Urlaub bist. Mach deutlich, dass du am Boden zerstört wärst, wenn du zurückkommst und sie eingegangen ist. Die Nachbarin wird in Erwägung ziehen, ihren Wochenendausflug abzusagen.

7. Wenn die Sonnenblume blüht, führ sie stolz allen Besuchern vor. Ernte ruhig alle Lorbeeren – du hast sie dir verdient.

70 Etwas Schauriges sagen

Mami und Papi haben dich sehr lieb. Du bist ihr Augapfel. Aber erscheine ihnen mal mitten in der Nacht in einem weißen Nachthemd auf einem dunklen Treppenabsatz, und du wirst sie in Angst und Schrecken versetzen. Einen fürchterlichen Moment lang bist du nicht ihre liebreizende Tochter, sondern das kleine Mädchen aus Poltergeist.

Schritt Nummer eins ist, etwas Schauriges zu tun. Vielleicht hast du dein allererstes Gesicht gemalt – zwei Augen, ein Mund und sogar ein Kringel, der als Nase herhält. Mami findet es so wunderschön, dass sie es einrahmen möchte – vor allem dann, wenn du ihr erklärst, es sei ein Bild von ihr. Frag doch zuckersüß, ob du es noch mal kurz haben kannst. Dann schnapp dir einen schwarzen Stift und schreite zur Tat ... Kritzle so fest auf den Augen herum, dass du Löcher ins Papier reißt.

Wenn du erkannt hast, welche Reaktion deine „schreckliche Tat" in deinen Eltern hervorruft, kannst du zum nächst höheren Grad aufsteigen: etwas Schauriges sagen. Vielleicht warst du mal mit Mami im Park und hast einem hübschen Hund dabei zugesehen, wie er Stöcken hinterher jagt. Möglicherweise hat dir Mami von den „Hundejahren" erzählt, und dass Hunde nicht so lange leben wie Menschen. Ein paar Tage später, wenn Mami dir gerade ihren Gutenachtkuss gegeben und das Licht ausgemacht hat, könntest du ausrufen: „Scooby-Doo wird vor Shaggy sterben." Sieh nur Mamis Gesichtsausdruck!

71 Teilen und herrschen

Beim Thema Disziplin versuchen Mami und Papi Einigkeit zu demonstrieren. Das ist eine Hiobsbotschaft in Bezug auf dein Bedürfnis, zu tun, zu lassen und vor allem auch zu kriegen, was du willst. Du musst also lernen, wie du deine Eltern spalten kannst.

Der Schlüssel zum Erfolg ist hierbei, Mami und Papi als zwei getrennte Elemente zu behandeln und nur ein Elternteil auf einmal zu bearbeiten.

* Führe sorgfältig Buch über alles, worin sich Mami und Papi in der Art unterscheiden, wie sie Disziplin walten lassen, und nutze dieses Wissen dann schonungslos aus. Sag Sachen wie: „Aber Papi hat gesagt ich darf", „Bei Mami muss ich nie das ganze Gemüse aufessen" und „Du bist

viel lieber als Papi". (Mami wir dich wegen Letzterem zwar schelten, aber insgeheim wird sie entzückt sein.)

* Hab keine Angst vorm Petzen. Wer petzt ist out, das lernt zwar jedes Kind, und trotzdem gilt in der Welt der Kleinkinder das komplette Gegenteil. Wenn du Mami rauchen siehst oder Papi Zeitung lesen, wenn er eigentlich Abendessen machen sollte, scheue dich nicht, das den anderen Elternteil wissen zu lassen. Ganz besonders dann, wenn die Schlafenszeit droht. Während des anschließenden Donnerwetters kannst du *Space Pirates – Piraten im Weltraum* gucken.

* Du verspürst vermutlich einen wachsenden Drang, länger als bis fünf Uhr morgens im Bett zu bleiben – gib ihm nicht nach! Es ist wichtig, den Druck aufrecht zu erhalten, denn ein müder Elternteil alleine ist leichter auszunutzen als zwei ausgeschlafene Eltern zusammen. Nur so sind dir die Choco Krispies zum Frühstück sicher.

72 Papi im Sand vergraben

Kein Ausflug an den Strand ist komplett, bevor du Papi nicht mit Sand zugedeckt hast. So machst du das:

1. Buddle an einer trockenen Stelle einen langen, flachen Graben in den Sand – beziehungsweise bitte Papi drum, es zu tun.

2. Krieg Papi dazu, sich in dieses Loch zu legen.

3. Schütte ihn komplett mit Sand zu. Achte darauf, dass du ihm auch welchen in die Augen streust.
4. Lass seinen Kopf frei, sodass er Luft bekommt und später noch in der Lage sein wird, dich nach Hause zu fahren.
5. Lass auch eine Zehe zum dran Kitzeln rausschauen.
6. Klopf den Sand mit einer Schaufel gut fest. Mami wird schallend lachen, wenn du Papi in die Weichteile haust.
7. Verpass ihm einen Busen aus Sandbergen. Spring in der Gegend herum und rufe „Papi hat Brüste, Papi hat Brüste."
8. Verleih ihm ein bisschen Algenhaar und vielleicht noch einen Meerjungfrauenschwanz aus Sand und Muscheln.
9. Lass Mami ein Foto machen.
10. Spring auf ihn drauf.
11. Lauf schreiend davon, wenn er sich wie ein riesiges Sandmonster aus dem Loch erhebt.
12. Hilf ihm beim Autoschlüssel suchen, vor allem wenn gerade Flut ist.

73 Experte für Münzkaruselle werden

Die Erwachsenen scheinen Münzkarusselle gar nie zu bemerken – aber du weißt, es gibt sie überall. Blinkende Lichter, eingängiges Gedudel, und dazu vielleicht eine Figur aus deiner Lieblingsfernsehsendung – man muss es einfach lieben. Spaß am Fahren haben ist eine Sache,

ein Experte sein dagegen eine ganz andere – und ein solcher wirst du nur, wenn du darauf fährst, und zwar immer wieder.

Manche Automaten sind besser als andere. Zu den guten zählen Feuerwehrautos, Hubschrauber, Polizeiautos, Minikarusselle und Ponys. Unbekannte Trickfilmfiguren aus Osteuropa gehen gar nicht – es sei denn es gibt keine Alternative, in dem Fall sind sie grandios.

Merke: Manche Fahrten kosten nur dreißig Cent, manche einen ganzen Euro – warum ist nicht ganz klar, aber wahrscheinlich ist es am sichersten, sich wo immer möglich auf die teureren Automaten zu setzen.

74 Dir die perfekte Autofahrt ausdenken

Das Tolle an einer Autofahrt ist, dass ein Elternteil zur Dauerverfügung steht, um dir im Minutentakt all deine Bedürfnisse zu erfüllen. Es liegt an dir, das Beste aus der Situation herauszuholen. Wichtig ist, dass dir auf keinen Fall die Forderungen ausgehen. Hier ein paar nützliche Sätze, die du auf der typischen Autoreise äußern kannst:

* Kann ich Kassette hören? Die mag ich nicht ... mach leiser. Die mag ich voll gern ... kannst du lauter machen?
* Mir ist heiß ... kannst du ein Fenster aufmachen? Ich friere ... kannst du das Fenster zumachen?
* Ich hab Hunger ... Ich mag keinen Schinken ... oh, jetzt isses runtergefallen. Was isst du da? Kann ich auch einen Keks haben?
* Ich will Kassette hören! Wie sieht Angela Merkel aus?
* Ich muss Pipi ... Ich muss jetzt sofort ... Es kommt!

Top-Tipp: Überrede Mami und Papi doch dazu, in einen Heckaufkleber mit der Aufschrift „Diktator an Bord" zu investieren. Wenn du schließlich frisch und ausgeruht am Zielort ankommst, beglückwünsche dich selbst, dass deine Eltern (dieselben, die dich vor ein paar Jahren im Schritttempo vom Krankenhaus nach Hause gefahren haben) von dir erfolgreich dazu erzogen wurden, bei 150 Stundenkilometern auf der A5 eine Banane zu schälen und einen verschollenen Schuh zu suchen. Darauf kannst du wirklich stolz sein.

75 Deinen ersten Motto-Geburtstag feiern

Das Einzige, was du von einem Fest erwartest, sind ein Tisch voller Süßigkeiten und eine Seifenblasenmaschine. Aber Mami findet, dass du so eine Feier wie die Kinder ihrer Freundin haben solltest – deshalb der Vorschlag, dass du eine Motto-Party geben könntest. Hilf ihr doch, indem du dir ein geniales Motto überlegst, auf das außer dir noch kein Mensch je gekommen ist. In diesem Stadium wird Mami nicht mehr ganz so begeistert sein. Ihr Vorschlag wird lauten, bei etwas Schlichtem wie einer Prinzessinnen- oder Piratenparty, einer Alienparty oder einer Unterwasserparty zu bleiben. Stell dich quer – wenn man die entsprechende Party-Ausstattung bei Karstadt kaufen kann, ist das Motto abgeschrieben. Erklär Mami, dass sich Vera der Herausforderung jederzeit stellen und die Sachen selbst anfertigen würde – oder sie zumindest von ihren Angestellten organisieren lassen würde.

Wünsch dir also von ganzem Herzen eine Erdmännchen-Party mit passender Verkleidung und Dekoration sowie passendem Essen und passenden Spielen. Schnell die Einladungen verschicken! Folgendes muss Mami vorbereiten:

* Eine Erdmännchen-Tischdecke und Erdmännchen-Geschirr.
* Erdmännchen-Luftballons.
* Eine Erdmännchen-Hüpfburg.
* Ein Geburtstagskuchen in Erdmännchenform.
* In Erdmännchenform zurechtgeschnittene belegte Brote.
* Kekse in Erdmännchenform.
* Ringli, Schokokränze, Prinzenrolle und Miniwürstchen – hier braucht Mami sich nicht um das Erdmännchen-Motto zu scheren.
* Erdmännchen-Mitgebsel-Tüten im Erdmännchen-Stil.

Die Spiele müssen auch alle das Erdmännchen-Motto tragen:

* Blindes Erdmännchen.
* Fang das Erdmännchen.
* Kommando Erdmännchen.
* Reise in die Erdmännchenhöhle.
* Erdmännchen-Schokoladenessen.

Wenn Mami eine Society Lady ist, hat sie Geld in Massen und kann es sich locker leisten, eine Horde echter Erdmännchen zu deiner Feier einzuladen. Wenn nicht, muss es ein aufblasbares Erdmännchen tun.

Wenn deine zufriedenen Gäste gegangen sind, fang mit der Planung für deinen nächsten Geburtstag an. Wäre „Azteken" nicht ein hübsches Motto?

76 Ein unanständiges Wort lernen und es im Gespräch anwenden

Kinder in deinem Alter haben ein hohes sprachliches Aufnahmevermögen, und deinen Alltagsgesprächen kannst du am allerbesten etwas Würze verleihen, indem du ein paar unanständige Wörter einführst.

Deine Eltern sind die beste Quelle, diese kleinen Schmuckstücke aufzuspüren. Horch auf, wenn Papi das nächste Mal am Telefon mit seinem Kumpel witzelt, oder wenn Mami mit ihm schreit, weil er seine Stinkesocken neben dem Bett hat liegen lassen – du wirst bestimmt ein paar ganz neue und spannende Wörter lernen.

Damit ein unanständiges Wort „hängenbleibt", musst du es eine Woche lang täglich in einem Satz einer normalen Unterhaltung verwenden. Auf diese Weise wirst du naht- und mühelos unanständige Wörter in deinen Wortschatz aufnehmen. Wenn zum Beispiel deine Omi dir das nächste Mal ein Stück Kuchen anbietet und dich fragt, wie es dir schmeckt, lächle süß und sage „Er ist saugeil, Omi". Oder du könntest dir bei deinem ersten Besuch in einer neuen Spielgruppe die Ohren zuhalten und schreien „Das ist ja sch***e laut hier drin, Mami. Komm, wir gehn."

Das ist auch dann ein ganz besonders toller Trick, wenn du das Gefühl hast, dass Mami und Papi dir nicht immer wirklich gut zuhören – du gewinnst augenblicklich ihre Aufmerksamkeit, und danach ignorieren sie dich nie wieder.

Es so sagen, wie es ist

Eltern sagen immer, es sei wichtig, dass man die Wahrheit sagt, also tu dir keinen Zwang an und sei so ehrlich, wie's dir passt, wenn du unterwegs bist.

Du kannst dich zum Beispiel lauthals erkundigen: „Warum ist der Mann da so fett?" (Doppelte Punktzahl, wenn es Mamis Chef ist oder ein naher Verwandter wie ihr Schwiegervater – das ist für dich der Opa.) Du könntest auch ins Haus einer älteren Verwandten rennen und bemerken „Hier drin stinkt's", oder in ihrer Hörweite fragen, warum Frau Ludwig von nebenan wie ein Mann aussieht. Wenn du mit dem Bus fährst, lach doch mal ungeniert über die Frisur eines anderen Fahrgastes. Oder wenn euch jemand zu Hause besucht, frag laut, wann er wieder geht. Die Liste ist unendlich.

Nutze diese Freiheit aus, denn eines Tages wird dich Mami darauf hinweisen, dass man manchmal etwas sparsamer mit der Wahrheit umgehen muss, um anderer Leute Gefühle zu schonen. Frag sie, ob sie das jemals dir gegenüber getan hat; beobachte sorgfältig ihr Mienenspiel. Sie wird zugeben, dass sie dir „die ein oder andere harmlose Lüge" erzählt haben mag.

Jetzt ist der perfekte Zeitpunkt um nachzuhaken, ob Flecki letzte Woche wirklich davongelaufen ist, um auf einem Bauernhof zu leben. Er hatte schrecklich gehinkt, dann wurdest du ganz unerwartet den Nachmittag über zu Omi geschickt und hast befürchtet, dass er gestorben ist. Studiere Mamis Gesichtsausdruck, während sie dir versichert, dass es Flecki rundherum gut geht. Glaubst du wirklich, sie würde bei einer solchen Sache lügen?

Einen Fantasiefreund gewinnen

Fantasiefreunde sind viel besser als echte Freunde, weil du sie herumkommandieren und dazu zwingen kannst, genau das zu tun, was du willst.

Tipp: Wenn Mami und Papi dich zur Seite nehmen und dich fragen, ob du dich alleine fühlst, lächle einfach geheimnisvoll und sag „Nicht mehr. Jetzt hab ich Lila-Lola." Dann troll dich, wobei du Lila-Lola vorsichtig auf deiner Handfläche balancierst.

Deine Fantasiefreunde sind für alle außer für dich vollkommen unsichtbar – es ist also deine Aufgabe zu verhindern, dass die Leute auf sie treten oder sich beim Essen an ihren Platz setzen. Vielleicht ist es ein winziger Elf, der dir überallhin folgt, ein Frettchen, das dich in die Fersen kneift, oder ein fliegender Hamster. Vielleicht siehst du sie nur in deinen Träumen; vielleicht heißt er Herr Wecke und lebt an der Decke; es könnte aber auch sein, dass du deine Fantasiefreunde nur hörst, wenn draußen der Wind weht. Vergiss nie – du stellst die Regeln auf.

Trends kommen und gehen – vor zwölf Monaten waren Delphine unglaublich beliebt, dieses Jahr werden Riesen und Eichhörnchen der Renner sein – also spute dich, bevor alle anderen deinen neuen Freund für sich beanspruchen.

Abschließend sei noch gesagt: Wenn du keine Lust auf einen Fantasiefreund hast, überleg dir, ob du dir stattdessen nicht einen Fantasiefeind machen möchtest. Letzterer kommt immer dann ganz gelegen, wenn du jemand anderem die Schuld für dein schlechtes Benehmen in die Schuhe schieben möchtest.

79 Die Geschlechtervorurteile deiner Eltern abbauen

Wenn du ein Junge bist, trag doch mal ein Disney-Prinzessinnen-Kleid bei der Piratenparty, die Papi zu deinem vierten Geburtstag organisiert hat. Oder wenn du ein Mädchen bist, weigere dich einfach, das rosafarbene Kleid anzuziehen, das dir Mami gekauft hat, und erkläre: „Solche Sachen sind für Mädchen."

Bevor sie Kinder hatten, haben Mami und Papi immer geschworen, dass sie ihren Sohn einmal nicht mit Spielzeugwaffen und Schwertern spielen lassen würden ... Also freuen sie sich wahrscheinlich, wenn sie dich zur Ballettstunde die Straße heruntertänzeln sehen, ein paar legendäre Musical-Songs auf den Lippen.

Und als Mami eine Tochter bekommen sollte, überschlug sie sich fast beim Kauf einer Spielzeugeisenbahn aus Holz und eines marineblauen Strickjäckchens – es schien geradeso, als ob sie damit auf etwas hinweisen wollte. Also kann sie sich die Schuld nur selbst geben, wenn du jetzt in Tarnklamotten und Kampfstiefeln im Garten herumrennst und Leute mit großen Stöcken haust.

Mami beim Arzt blamieren

Mami hat dich jahrelang in alberne Kleider gesteckt, dich gefilmt, wie du hingefallen bist und dein Gesicht in aller Öffentlichkeit mit einem in Spucke getränkten Taschentuch geschrubbt. Jetzt bist du an der Reihe, sie in Verlegenheit zu bringen. Und das funktioniert am allerbesten beim Arzt, weil Mami dort garantiert am angestrengtesten versucht, verantwortungsvoll und erwachsen zu wirken.

Man möchte meinen, dass Mami erkennen können sollte, ob du wirklich krank bist oder nicht – schließlich hast du sie von sich selbst sagen hören, sie sei eine „erfahrene Mutter". In Wahrheit hat Mami aber keinen blassen Schimmer. Führ sie doch im Beisein medizinischen Fachpersonals mal mittels deines „Schmerzen im Bein"-Tricks vor. So musst du dabei vorgehen:

1. Steh aus dem Bett auf.
2. Kippe um.
3. Hinke an den Frühstückstisch und verkünde „Mein Bein tut weh".
4. Mami ruft dann die Arztpraxis an und vereinbart einen Notfalltermin.
5. Verfolge interessiert, wie Mami bei der Arbeit anruft und ausrichten lässt, dass sie sich verspätet, weil ihr Kind schwer krank ist.
6. Eine hektische Stunde später wird Mami dich ins Sprechzimmer des Arztes tragen. Wenn der Arzt dich bittet, einmal durchs Zimmer zu gehen – und das ist die entscheidende Information – musst du ...

VÖLLIG NORMAL GEHEN!

Verschiedenes wird dann passieren:

* Der Arzt wird Mami mit einem Gesichtsausdruck ansehen, der besagt „Sie sind eine überbesorgte Mutter, nicht wahr?"
* Mami wird sich beim Arzt dafür entschuldigen, seine Zeit verschwendet zu haben.
* Obwohl Mami erleichtert sein sollte, dass mit dir alles in Ordnung ist, wird sie dich ansehen, als ob sie dich umbringen wollte.
* Andere körperliche Unpässlichkeiten, die du ausprobieren kannst, sind zum Beispiel:
* Der Hautausschlag, der im Handumdrehen verschwindet.
* Die erhöhte Körpertemperatur, die plötzlich wieder auf normal fällt.
* Der scheinbare Blinddarmdurchbruch. Dein Gebrüll wird Mami und Papi davon überzeugen, dass genau das vorliegen muss, auch wenn eigentlich nur ein Faden in der Socke deinen kleinen Zeh zur Seite biegt.
* Das rätselhafte Bauchweh. Es sollte beunruhigend genug sein, damit deine Eltern ihre Silvesterverabredung absagen (auch wenn das bedeutet, dass sie den Babysitter trotzdem bezahlen müssen), aber doch auch schwach genug, um nach einem geräuschvollen Pups um zehn Minuten vor Zwölf vollkommen zu verschwinden.

IM ALTER VON VIER BIS FÜNF JAHREN

DIE LETZTEN TAGE IN FREIHEIT

Du hast es weit gebracht, Kind, und in diesem Jahr wird endlich alles genau so sein, wie du es haben möchtest. Endlich beherrschst du alle nötigen Fähigkeiten aus dem Effeff und verfügst außerdem über das Selbstbewusstsein, sie auch anzuwenden.

Du hast eine wunderbare Fantasie, die deinen besten Freund in einen Piraten und die Toilette in einen Wunschbrunnen verwandelt; eine perfekte Statur, die dich befähigt, mit fünfzig Stundenkilometern auf einem Tretroller durch ein volles Einkaufszentrum zu fahren; und eine solch präzise Feinmotorik, dass du eine Digitalkamera in weniger als einer Minute unbrauchbar machen kannst.

Wenn es irgendetwas gibt, was du unbedingt mal machen möchtest, dann tu es jetzt. Spring in einen Haufen frisch zusammengerechter Blätter, bau dir eine Höhle unter dem Esstisch oder lauf splitternackt durch den Garten. Stopf deine Taschen mit Schnecken und Würmern voll, verstreue Glitter im ganzen Haus oder teste mal, wie oft du auf einem Doppelbett herumspringen kannst, bis du mit dem Kopf voran in den Kleiderschrank krachst. Denn dieses Jahr ist dein letztes Hurra: deine letzte Gelegenheit, dich auszutoben, himmelschreiendes Benehmen an den Tag zu legen und absolute Freiheit zu genießen, bevor du in die Schule gehst. Nutze dieses Jahr, solange es noch währt.

Von der Großen Schaukel fallen

Du hast Sechsjährige darauf schaukeln, Zehnjährige davon herunterspringen und Jugendliche darauf rauchen sehen. Jetzt, wo du vier geworden bist, bist du an der Reihe auf der Großen Schaukel.

Anzeichen dafür, dass du bereit bist für die Große Schaukel:

1. Du bekommst deine Beine nicht mehr aus der Kleinen Schaukel.
2. An der Kleinen Schaukel stehen sie Schlange.
3. Dir ist ein bisschen langweilig.

Wie du von der Großen Schaukel fallen kannst:

1. Lass los, wenn Mami dich anschubst, auch wenn sie sagt „Nicht loslassen".
2. Beug dich vornüber, um dir einen Stein anzusehen.
3. Lehn dich zurück, um in den Himmel zu schauen.
4. Versuch einem Freund auszuweichen, der kommt, um zu schauen, was du auf der Großen Schaukel machst.
5. Winde dich, wenn Mami die Schaukel anhalten will, weil sie nach Hause gehen möchte.

Merke: Es spielt keine Rolle, auf welche Weise du von der Schaukel zu fallen beschließt – es ist sowieso immer Mamis Schuld.

Mami daran hindern, ihre Träume durch dich zu verwirklichen

Mami hat dich zum Ballett, zum Tennis und zum Klavierunterricht angemeldet. Nichts davon willst du machen – du willst deine Nachmittage damit verbringen, unter dem Rasensprenger durchzulaufen, Nippon zu essen und fernzusehen ... Genau wie Mami als sie vier war.

Die Sache ist die: Mami will, dass DU Sachen richtig toll kannst, damit SIE dir zuschauen und mit dir angeben kann – und selber nichts tun muss. Die Erkenntnis, zu der du Mami verhelfen musst, ist die, dass sie sich, wenn sie sich so sehr für klassische Musik und Tanzgymnastik interessiert, vielleicht besser selbst anmelden sollte.

Aber wie kommst du darum herum, zum Unterricht gehen zu müssen? Du kannst nicht einfach verkünden, dass du nicht mehr hingehen willst – du willst ja nicht als „Drückeberger" bezichtigt werden. Und einen Wutanfall zu bekommen würde dich nur undankbar erscheinen lassen. Glücklicherweise gibt es eine ganz simple List, dem Ganzen ein Ende zu bereiten ...

SEI EINFACH ÜBERALL MISERABEL!

Mamis künstlerische Ambitionen werden bald verklingen, wenn du zum wiederholten Male eine einfache Primärfarbe nicht erkennst. Und ihr Traum vom olympischen Gold wird sich verlieren, wenn du deine Stützräder mindestens bis zu deinem zwölften Geburtstag am Fahrrad behältst.

Wenn Mami erst einmal ihre Ansprüche angeglichen hat, ist es nur noch ein kleiner Schritt zurück zu Rasensprenger, Nippon und Fernsehen.

83 Behaupten, du hättest den Weihnachtsmann gesehen

Also, wir wissen ja alle, dass es den Weihnachtsmann gibt, aber die Wahrheit ist nun mal, dass ihn niemand je wirklich an Heiligabend sieht – dafür bewegt er sich einfach viel zu schnell. Mach doch Mamis und Papis Weihnachten spannender, indem du Stein und Bein schwörst, du hättest gesehen, wie er die Geschenke gebracht hat.

Von Bedeutung sind dabei vor allem die Details, also leg dich ins Zeug! Beschreib ihnen, dass du gesehen hast, wie sein Schlitten auf dem Nachbardach gelandet ist, dass alle Rentiere mit von der Partie waren und dass Rudolphs Nase total geleuchtet hat. Sieh nur, wie perplex Mami und Papi aus der Wäsche gucken, wenn du erklärst, wie der Weihnachtsmann oben auf dem Kamin saß und genüsslich ein paar Plätzchen verspeist und ein Glas Whisky zu sich genommen hat. Behaupte dann, dass er als nächstes in euer Haus kam, und dass du unter der Decke hervorgelinst und zugesehen hast, wie er die Geschenke abgeladen hat. Dann hat er dich gefragt, ob du ihm helfen möchtest, die Geschenke in Norwegen abzuliefern. Natürlich hast du „ja" gesagt, und das Ganze war ein wunderbares Erlebnis! Achte auf Mamis und Papis Gesichter: Sehen sie nicht aus, als ob sie etwas sagen wollten?

Strahle übers ganze Gesicht, wenn du jubelst, dass der Weihnachtsmann in der Nacht zwar alle Kinder auf der Welt besucht hat, dass du aber das einzige bist, das auch auf seinem Schlitten fahren durfte. Du musst doch das „allerbesonderste Kind" aller Zeiten sein, oder nicht?

Halte an deiner Geschichte fest. Mami und Papi können wohl kaum beweisen, dass du „mal wieder Geschichten erfindest".

84 Deine erste Lüge erzählen

Lügen ist nicht in Ordnung – aber eine gute Möglichkeit zu kriegen, was du willst. Es kann dich außerdem aus Schwierigkeiten befreien, Schuld „umverteilen" oder dich vor deinen Freunden gut aussehen lassen. Probier das mal aus:

* Ich hab das nicht geklaut ... Ich hab's im Park gefunden.
* Ich war's nicht.
* Sie hat mich zuerst gehauen.
* Von denen hab ich eins in viel größer zu Hause.
* Der Hund hat's aufgefressen.
* Meine Hand ist einfach ausgerutscht.

Wenn Mami dich in Flunkerverdacht hat, wird sie sich dich vorknöpfen. Sie wird dir erklären, dass sie sich viel mehr darüber ärgert, dass du gelogen hast, als sie sich geärgert hätte, wenn du ihr die Wahrheit gesagt und zugegeben hättest, was du angestellt hast. Fall auf diese olle Kamelle bloß nicht rein – die Wahrheit ist, wenn du dich ausschweigst, bekommst du überhaupt keinen Ärger.

Deine Filzstifte ohne Deckel herumliegen lassen

Verschwende keine Zeit damit, nach dem Malen die Deckel wieder auf deine Filzstifte zu stecken – das verbraucht wertvolle Minuten, die zu verlieren du dir nicht leisten kannst. Im Unterschied zu den Erwachsenen hast du nur zwölf Stunden Zeit, die ganzen täglichen Aufgaben zu erledigen – Tom und Jerry muss geschaut und Kissen müssen vom Sofa genommen werden – die Deckel von deinen Filzstiften zu lassen ist also die ideale Möglichkeit, ein bisschen zusätzliche Zeit zu gewinnen.

Das beharrliche Stiftdeckel-Weglassen wird natürlich zwangsläufig auf ein bisschen Widerstand stoßen. Lass dich davon aber nicht beeinflussen. Hier ein paar der Kommentare, die du von Mami und Papi aller Wahrscheinlichkeit nach zu hören bekommen wirst:

* Papi: Diese Filzstifte sind teuer.
  TATSACHE: Filzstifte waren nie billiger – OTTO verkauft sie für 29 Cent.
* Mami: Als ich klein war, mussten mir meine Filzstifte ein ganzes Jahr lang reichen.

TATSACHE: Das liegt daran, dass sie natürlich nie versucht hat, die Deckel unten zu lassen. Omi oder Opa hätten ihr vermutlich neue gekauft, wenn sie nur etwas mehr Rückgrat gezeigt hätte.

* Mami: Als ich klein war, waren Filzstifte das Hauptgeschenk, das ich zu Weihnachten bekommen habe.

TATSACHE: Das stimmt, aber wenn sie „Filzstifte" auf ihren Brief an den Weihnachtsmann schreibt, ist sie selber schuld.

86 Lernen, dich im Auto abzuschnallen

Frage: Wie durchbricht man die Stille auf einer langen, langweiligen Autofahrt?
Antwort: Schnall dich ab. Das wird Mami und Papi wieder zum Plaudern bringen.

Nichts überrascht deine Eltern auf der Autobahn mehr, als festzustellen, dass du dich selbst abschnallen kannst. Sag: „Schaut mal, was ich gemacht hab!", und Mami und Papi werden mit offenem Mund verfolgen, wie du hinterm Beifahrersitz in der Versenkung verschwindest, um den bereits halb gelutschten Lolli zu bergen, auf den du schon seit Monaten ein

Auge geworfen hast. Während du da unten bist, achte auf Sätze
wie

zum Beispiel die Folgenden:

* Fahr rechts ran!!!
* Da ist kein Seitenstreifen!
* Ich hab ihn wirklich angeschnallt.
* Aber hast du es auch einrasten gehört?
* Was will denn das Polizeiauto?
* Meine Frau ist schuld, Herr Polizeibeamter.

Merke: Wenn du mit Papi zusammen Mami von der Polizei-
wache abholen gehst, wäre es vielleicht klug zu geloben, dass
du nie wieder deinen Anschnallgurt selbst öffnen wirst.

87 Begreifen, dass Würstchen aus totem Schwein gemacht werden

Du warst schon öfters auf dem Bauernhof, hast Enten im
Park gefüttert und hast sogar angefangen, nach einem
Haustier zu fragen. Deshalb könnte es ein kleiner Schock
für dich sein, wenn du herausfindest, dass diese safti-
gen Würstchen, die du zum Abendessen bekommst, aus
Schweinen gemacht sind!

Wahrscheinlich brauchst du eine ganze Weile, bis du „die
Wahrheit" herausfindest. Wenn du fragst, woraus Würstchen
bestehen, sagt Mami nämlich „Fleisch ... Jetzt iss auf. Die sind
gesund." Eines Tages wirst du bemerken, dass auf der Verpa-

ckung immer Bilder von Schweinen drauf sind und dann wird dir aufgehen, dass Fleisch etwas mit Tieren zu tun hat. Wenn du Mami dann fragst, ob die Tiere uns die Würstchen geben, sagt sie „So ungefähr ... Jetzt iss auf. Die sind gesund."

Dann kommt der Tag der Wahrheit. Ein neuer Freund bleibt zum Abendessen bei dir. Er schaut auf die Würstchen auf seinem Teller und sagt „Ich esse keine toten Tiere. Ich bin Vegetarier." Du hältst einen Moment inne. Dann wendest du dich Mami zu und fragst sie: „Haben wir die ganze Zeit tote Tiere gegessen?" Sieh sie zögern, bevor sie zuckersüß lächelt und sagt: „Ja, Mäuschen. Aber wir essen nur Tiere, die ein gutes Leben gehabt haben." Und schau, wie sie schnell die Schnäppchen-Wurstpackung in den Mülleimer schiebt, bevor die Mami von deinem Freund kommt.

Vielleicht wird sich Mami Sorgen machen, wie du reagierst, wenn ihr das nächste Mal auf dem Bauernhof seid. Beruhige sie, indem du zum Schweinekoben rüberläufst, dich übers Gatter beugst und sagst: „He! Ich ess dich bald." Mami wird ein Stein vom Herzen fallen.

 ## Glauben, dass Spielzeug lebt

Wie der investigative Dokumentarfilm *Toy Story* und seine hervorragende Fortsetzung *Toy Story 2* beweisen, sind Spielzeugfiguren lebendig. Wenn die Leute dir das nicht glauben, hier der Beweis:

* Immer wenn du von der Kinderkrippe nach Hause kommst, stehen sie fein säuberlich aufgereiht im Regal, obwohl du sie auf dem Boden hast liegen lassen, als du morgens gegangen bist.
* Dein Teddybär ist zur Schlafenszeit immer schwer auffindbar. Das liegt nicht daran, dass du vergessen hast, wo du ihn hingetan hast – sondern daran, dass er noch schnell auf einen Sprung spazieren geht, bevor er sich aufs Ohr haut.
* Wenn du eine Weile nicht mit deinen Sachen spielst, läuft das Spielzeug weg – zum Beispiel zum nächsten Wohltätigkeitsladen oder Flohmarkt (siehe die Anmerkung unten für Tipps, wie du sie davon abhalten kannst).
* Das Spielzeug erwacht immer dann zum Leben, wenn du nicht im Zimmer bist oder aber schläfst. Deshalb hält es immer so still, wenn du in der Nähe bist – es ist dann hundemüde.

Merke: Demonstriere, dass du immer, und zwar mit allem Spielzeug spielst, indem du jeden Tag deine kompletten Spielsachen über den gesamten Zimmerboden verteilst. Kritzle mit wischfestem Marker auf ihnen herum, sodass die Leute leichter erkennen, dass sie dir gehören, damit sie dir das Spielzeug wiederbringen, wenn es heimlich türmt.

89 Dich mit dem Kind der besten Freundin deiner Mami verkrachen

Endlich steigt Mami gesellschaftlich wieder auf und hat eine Freundin gefunden: eine, die sie richtig mag – nicht nur jemanden, mit dem sie über Vor- und Nachteile der Masern-Mumps-Röteln-Schutzimpfung plaudern kann.

Das Problem ist: Du magst ihr Kind nicht. An dem ist eigentlich nichts verkehrt, ihr habt euch nur einfach auf Anhieb nicht verstanden. Auch wenn du versucht bist, für eine Verabredung zum Spielen zuzusagen, damit die Mütter klönen können, halte kurz inne und denk nach. Willst du mit diesem Kind wirklich deine Ferien verbringen? Oder mit ihm rumhängen, wenn du sieben bist? Wenn die Antwort „nein" lautet, ist jetzt der Zeitpunkt, die Freundschaftsbande zu kappen. Es wirkt skrupellos, aber auf lange Sicht ist es freundlicher.

Dieser Prozess wird seine Zeit brauchen. Fang klein an. Drück dich bei Mami herum, statt mit deinem „Freund" zu spielen. Klettere auf Mamis Schoß. Sie wird dich wegschieben und sich beklagen, dass du ihren Kaffee verschüttest. Weigere dich trotzdem, zu gehen. Die Mütter werden feststellen, dass du wahrscheinlich müde bist oder krank wirst. Eher werden sie sich die kühnsten Ausreden einfallen lassen, als ihre schlimmste Befürchtung zu äußern – ihre Kinder können sich nicht leiden.

Zieh dann die Schrauben an. Weigere dich, das Kind mit deinen Spielsachen spielen zu lassen. Deute eventuell an, dass es dich geschlagen hat. Schließlich kannst du noch anfangen, vor jeder Spielverabredung Alpträume zu markieren, um Mami zu beweisen, wie mitgenommen du bist. Letzten Endes wird Mami ihre Freundschaft beenden müssen. Natürlich wird sie das bestürzen, aber mach dir nichts draus – jetzt hat sie mehr Zeit für dich.

90 Im Legoland einen Wutanfall bekommen

Es könnte schon eine ganze Weile her sein, dass du einen ausgewachsenen Wutanfall hattest – vielleicht sogar mehrere Jahre. Aber erinnere dich: Die besten sind immer die, die deine Eltern nicht haben kommen sehen – wer hätte ahnen können, dass du an einem wunderschönen Tag im Freizeitpark ausrasten würdest?! So funktioniert's also:

1. Nachdem Papi einen Wochenlohn herausgerückt hat, kannst du in den Freizeitpark fahren und einen tollen Tag verbringen.
2. Probiere alle Fahrgeschäfte durch und esse Süßes, bis dir schlecht wird.
3. Wenn Mami sagt, dass das die letzte Fahrt für heute ist, fang an zu greinen.
4. Genieß die Fahrt.

5. Häng dich an Mamis Bein und bettle um nur noch eine weitere Fahrt.

6. Fahr noch mal.

7. Verlang eine allerletzte Fahrt. Diesmal wird Mami sie dir abschlagen.

8. Schmeiß dich an den Boden. Fang an zu brüllen.

9. Lass dich schlaff hängen, sodass Mami dich nicht aufheben kann.

10. Mach dich steif wie ein Brett. So kriegt dich Papi nie in den Buggy, der für ein „sitzendes" Kind konstruiert wurde.

11. Heul weiter bis zur völligen Erschöpfung.

12. Lass dich von Mami oder Papi zum Auto tragen. Schlaf auf dem Weg dorthin ein.

13. Wenn der Anfall einmal vorbei ist, ist er vorbei. Vergiss, dass er jemals stattgefunden hat.

91 Eine Show abziehen (auch wenn du gar nichts zum Vorführen hast)

Du willst Ruhm? Nun, Ruhm ist teuer. Und genau jetzt fängst du an, dafür zu bezahlen ... Und zwar mit einer Show in deinem Kinderzimmer. Auch Iris Berben hat mal irgendwo anfangen müssen.

Kündige den Erwachsenen an: „Die Vorstellung beginnt in zehn Minuten". Geh nach oben in dein Zimmer und bereite dich vor. Dann ...

1. Schmeiß dich in Schale – wirf Schals und Perlenketten um und steig in Mamis Schuhe.
2. Bastle Eintrittskarten.
3. Mach das Licht aus und zieh die Vorhänge zu.
4. Stell für die Erwachsenen Stühle auf oder verteile Kissen am Boden.
5. Setz Teddybären und Puppen auf die Stühle und Kissen.

Wenn dein Publikum eintrifft, musst du:

1. Die Eintrittskarten austeilen.
2. Die Eintrittskarten zurückverlangen.
3. Deinen Zuschauern ihre Plätze zuweisen.

4. Erklären, dass die Bären und Puppen die Plätze auf den Stühlen brauchen, und dass Erwachsene deshalb auf dem Boden sitzen müssen.

Renn auf die „Bühne" und mach eine Ansage: „Meine Damen und Herren, herzlich Willkommen zur heutigen Vorführung." Das Publikum wird klatschen. Lauf kichernd von der Bühne.

Dann ...

1. Betrete erneut die Bühne.
2. Bleib einen Moment stehen und versuch dich zu erinnern, was in der Show als Erstes passiert.
3. Entsinn dich, dass du gar keine Show vorbereitet hast.
4. Improvisiere.
5. Hopse in der Gegend herum und schrei heraus, was dir in den Sinn kommt. Vielleicht springst du noch auf irgendein Bett oder Sofa. Halt die Lautstärke möglichst konstant hoch, um eventuelle peinliche Lücken zu füllen.
6. Nach wenigen Minuten werden die Erwachsenen nach einem Schlusslied fragen. Erkläre entschieden: „Die Show ist noch nicht rum" und lärme weiter.
7. Wenn die Erwachsenen Anstalten machen zu gehen, verkünde, dass jetzt eine Pause stattfindet, nach der du sie zurückrufen wirst.
8. Leider wirst du unter Umständen Schwierigkeiten haben, dein Publikum zur Rückkehr zu bewegen. Zu ihrem eigenen Nachteil ... Was wissen die schon von Kunst?

92

Eine Phobie entwickeln

Eine Phobie beweist, dass du kein Nullachtfünfzehn-Kind von der Stange bist, sondern eine komplexe und interessante Persönlichkeit. Vielleicht möchtest du mit einer klassischen Kindheitsangst – Dunkelheit, großer Lärm, Donner oder Spinnen – beginnen?

Merke: Genauso beunruhigend ist für einen Erwachsenen ein Kind, das Spinnen sammelt und sie in Kistchen aufbewahrt, vor allem wenn du dann auch noch anfängst, dich König/Königin der Spinnen zu nennen.

Andere Klassiker sind zum Beispiel die Angst vor Clowns, die feste Überzeugung, dass unter deinem Bett ein Ungeheuer wohnt, oder dass eine riesige Hand aus dem Klo kommt, während du drauf sitzt, und dich ins Abwasserrohr zerrt. Von hier aus könntest du dich dann auf ungewöhnlichere Phobien zubewegen und Sachen fürchten wie Leute, die eine Brille tragen, Bilder von Jesus oder die Vorstellung, dein Bademantel könnte mitten in der Nacht vom Haken an der Tür herabsteigen und auf dich zukommen.

Nie mit leeren Händen aus einem Museum gehen

Der einzige Weg aus einem Hotel in Las Vegas führt durch die Spielhalle, und der einzige Weg aus einem Museum oder einer Galerie führt durch den Museumsladen. Es ist deine Pflicht, hier was zu kaufen. Wenn Mami murrt, bring ihr in Erinnerung, dass sie selbst schuld ist, wenn sie dich in eine Rothko-Retrospektive schleppt – da ist das Mindeste doch wohl, dass sie dir den Gedenk-Radiergummi kauft.

Warum Eltern mit dir ins Museum gehen:

* Um dich mit Kunst zu konfrontieren.
* Um ihre Freunde damit zu beeindrucken, dass sie dich mit Kunst konfrontieren.
* Um sich selbst davon zu überzeugen, dass sich ihr Leben überhaupt nicht verändert hat, seit sie Kinder haben.
* Es kostet keinen Eintritt. Oder wenigstens weniger als Legoland.
* Es findet drinnen statt. Praktisch, wenn's regnet.

Da Museen sich seit geraumer Zeit „auf dem Markt" behaupten müssen, hat sich das Sortiment ihrer Läden enorm gewandelt. So wurde etwa der Museumsführer einer rennomierten Institution kürzlich durch die komplette Angebotspalette der Hello Kitty-Produkte ersetzt.

Strategien für den Ladenbesuch:

* Setz dir hohe Ziele. Bettle wirkungsvoll, vielleicht verhilft es dir zu einem sprechenden Roboter, einem Plüschtier oder einem Hüpfball. Sei dir aber der Tatsache bewusst, dass du am Ende wahrscheinlich eher mit einem Flummi, einem Plastikdinosaurier oder einer Namenstasse herauskommst.

* Jeder Artikel, der keinen edukativen Touch aufweist, ist perfekt und sollte gnädigst akzeptiert werden. Wenn deine Eltern aber darauf bestehen, dass es „entweder ein Lernspielzeug gibt, oder eben gar keins", dann hast du keine Wahl und musst mitziehen. Pfeffere es einfach unter dein Bett, wenn du heimkommst, und vergiss es.

* Lass dich niemals mit einer Postkarte abspeisen. Die sind der reinste Müll.

* Ein Brieföffner in Antik-Optik taugt nicht für Kinder.

94 Die „It"-Schuhe bekommen

Wenn du die neuesten Schuhe der Saison besitzt, beeindruckst du todsicher jeden an deinem ersten Schultag, also hol sie dir besser schon jetzt. Es spielt keine Rolle, ob sie richtig passen oder wie viel Mami dafür hinblättern muss – solange es genau die sind, die alle haben wollen, hast du die perfekte Wahl getroffen. Die heißesten Trends:

* Mit 3-D-Dinosaurier-Bildern – megagruselig!
* Blinkende Sohlen – je kräftiger du stampfst, desto mehr blinken sie.
* Eingebaute Rollen in der Sohle – super fürs „Straßenkreuzen".
* Schuhbändel mit Glöckchen dran – dein zukünftiger Lehrer wird das klimpernde Geräusch einfach lieben, vor allem, wenn alle anderen in der Klasse auch ein solches Paar Schuhe bekommen.

Lass dich von keinen zehn Pferden dazu bringen, Folgendes anzuziehen:

* Römersandalen.
* Alles Schwarze, Braune oder Marineblaue.
* Alles, was Klettverschlüsse hat – wo ist bitte das Problem an Schnürschuhen bei Vierjährigen?
* Badeschuhe.
* Alles, was Mami mag.

95 Ein Pflaster in einem Rutsch abreißen

Ein Pflaster zu bekommen ist toll – vor allem, wenn ein Bild von einer deiner Lieblings-Zeichentrickfiguren drauf ist. Das Pflaster am nächsten Tag wieder von deiner Haut gerissen zu bekommen tut dagegen kräftig weh ...

Das Szenario

1. Du erklärst, dass du das Pflaster nicht runtermachen willst.
2. Mami sagt, es muss aber Luft an deine Haut kommen.
3. Du überredest sie, dass du es im Badewasser einweichen und sich ablösen lassen darfst.
4. Nach zwei Stunden ist das Pflaster immer noch an Ort und Stelle.
5. Papi wird verkünden, dass ihr es abreißen müsst.

Was das betrifft, lassen sich Väter in zwei Kategorien einteilen:

* Die, die ein Pflaster langsam abziehen. Das bedeutet, dass es weniger weh tut, aber es dauert viel, viel länger.
* Die, die ein Pflaster schnell abreißen. Das tut schrecklich weh, aber es ist ganz schnell vorbei.

Zu welchem Lager dein Vater gehört, hängt sehr stark von seinem Beruf ab. Finanzbeamte, Pfarrer und Klempner entscheiden sich höchstwahrscheinlich für die erste Variante, weil sie Probleme gerne in kleinen Schrittchen lösen. Polizeibeamte, Geschäftsmänner und Sportlehrer bevorzugen die zweite

Methode, weil sie Ergebnisse gern auf kurze und schmerzlose Art und Weise erzielen.

Merke: Wenn Papi Arzt ist, hast du gar nicht erst ein Pflaster bekommen.

 # Deinen Brief an den Weihnachtsmann abschicken, bevor Mami ihn gelesen hat

Schick deinen Brief an den Weihnachtsmann frühzeitig ab – er ist ein vielbeschäftigter Mann. Es macht gar nichts, wenn der Brief keine richtigen Buchstaben enthält. Er wird ihn trotzdem lesen können. Mami könnte eventuell etwas ärgerlich wirken, dass du das erledigt hast, ohne sie zu Rate zu ziehen. Sie wird sich auch sehr dafür interessieren, was du in den Brief geschrieben hast. Sag's ihr bloß nicht.

Mami merke sich: Die Deutsche Post AG bestechen zu wollen ist eine durchaus strafbare Handlung.

Mami wird zum Beispiel sagen:
* „Um was hast du den Weihnachtsmann denn gebeten?"
* „Ich treffe nachher die Helfer vom Weihnachtsmann. Sag mir doch einfach, was du dir wünschst, dann geb ich denen Bescheid."

* „Gibst du mir einen Tipp?"
* Oder einfach – „Bitte sag mir, was du dir zu Weihnachten
  wünschst?!"

Auf alle obigen Fragen gibt es nur eine Antwort – „Der Weihnachtsmann weiß es."

97 Was trinken gehen

**Mami und Papi gehen furchtbar ger-
ne „was trinken". Manchmal, wenn sie
unbedingt gehen wollen, aber keinen Babysitter finden,
machen sie dir außer der Reihe eine Freude und nehmen
dich mit.**

Zuallererst wird Mami dich zur Seite nehmen und dir erklären,
dass das eine einmalige Sache ist, und dass du dich tunlichst
benehmen solltest. Sie wird dich aufklären, wie glücklich du
dich schätzen kannst, dass du die heiligen Hallen eines Lokals
betreten darfst. Denn als sie klein war, musste sie draußen im
Auto warten, wo ihr nur eine Tüte „Schinkenspeck" Gesellschaft leistete. Die Wahrheit ist, dass die Gesetze verschärft
wurden und Mami verhaftet werden würde, wenn sie dich die
ganze Nacht im Auto vor einem Lokal sitzen ließe.

Egal was du machst, halt dich in jedem Fall vom Biergarten
fern, vor allem, wenn er ein Klettergerüst beherbergt. Das ist
ein gemeiner Trick des Gastwirtes, um Kinder draußen und
vom Geschehen fernzuhalten. Du musst aber unbedingt im
Lokal sein, wo gesunde Getränke wie Cola und Limo aus einem

Hahn kommen und es überall nette fettige Sachen zum Knabbern gibt – wie in Charlies Schokoladenfabrik, nur mit Chips.

Wenn du erstmal drin bist, gibt es eine ganze Ladung Sachen, die du machen kannst:

* Lauf zu alten Männern hin und frag sie, was das scheußliche braune Zeug ist, das sie da trinken.
* Unterbrich Pärchen beim Knutschen mit dem Kommentar „Igitt, wie eklig."
* Lauf mitten im Spiel vor ein Dartbrett.
* Bedien dich an den knallbunten Kugeln auf dem Billardtisch.
* Drücke auf einen der blinkenden Knöpfe am Spielautomat – aber mach dich besser aus dem Staub, wenn der Mann mit dem roten Gesicht ruft: „He! Ich hatte noch drei Spiele!"

Anfangs wird Mami noch versuchen, dich in deinen Aktivitäten zu bremsen. Wenn sie dann aber ein paar Getränke intus hat, wird sie sich entspannen und die Kommentare der Stammgäste ignorieren.

Deinem Babysitter alle Familiengeheimnisse verklickern

Wenn Mami und Papi das nächste Mal ausgehen, warum nicht mal die ganze Nacht mit dem Babysitter aufbleiben? Die Frau wird staunen, was deine Familie hinter verschlossenen Türen so alles anstellt – vor allem, wenn sie gut befreundet oder sogar verwandt mit euch ist. Und du bekommst von ihren Chips ab. Unterhalte sie mit den folgenden Geheimnissen:

* Papi pupst im Bett.
* Mami liegt gerne mitten am Tag auf dem Sofa, sieht fern und isst Pringles.
* Mami ist immer zu Hause, wenn du anrufst – ich soll nur nicht abheben, weil sie sagt, dass du „quasselst wie ein Wasserfall".
* Mami und Papi denken darüber nach, bald auszuwandern, wollen aber nicht, dass du es erfährst. (Das kannst du besonders gut Omi erzählen, wenn sie dich babysittet).
* Papi hat seine Arbeit verloren und muss sich im ersten Stock verstecken, wenn tagsüber jemand vorbeikommt.
* Mami hat die Bettwäsche in deinem Bett noch nie gewaschen. Wirklich nie.
* Mami und Papi hassen diesen Raumschmuck, den du ihnen geschenkt hast. Sie bewahren ihn im Schuppen auf und holen ihn nur raus, wenn sie wissen, dass du kommst.
* Papi findet, dass ich viel gescheiter bin als deine Kinder.

* Mami findet, dass du deine Haare zu dunkel färbst.
* Mami sagt, es sei schade, dass du Onkel Dieter geheiratet hast – du hättest einen viel Besseren abkriegen können. Was heißt das, „einen Besseren abkriegen"?

99 Eine übernatürliche Fähigkeit entwickeln

Spielzeug macht echt Spaß und Fernsehen ist super, aber lass dich auf der Suche nach Beschäftigungen, die Spaß machen, nicht von der Physik diktieren. Entwickle doch mal übernatürliche Fähigkeiten. So was wie Telepathie, unter Wasser atmen können oder die Fähigkeit zum Zeitreisen. Wenn du deine übernatürlichen Fähigkeiten für wirklich hältst, dann sind sie auch wirklich da.

* Schließ deine Augen. Du siehst niemanden, das bedeutet, dass auch niemand dich sehen kann. Folglich bist du unsichtbar.
* Wenn du fliegen kannst, ist es wohl am klügsten, es nachts zu tun, wenn alle schlafen, damit du nicht all die anderen Kinder neidisch machst.
* Mami lässt immer wieder Kommentare fallen, wie laut du doch brüllst, wenn du was von ihr willst. Erkläre ihr, dass das daran liegt, dass du über einen Sonarschrei verfügst, der

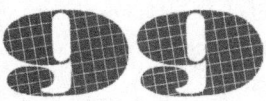

es dir erlaubt, Stimmschallwellen von wesentlich größerer Schwingungsweite zu erzeugen, als es bei Normalsterblichen der Fall ist.

Leider werden diese übernatürlichen Fähigkeiten eines Tages verloren gehen. Superman brachte das Kryptonit zu Fall – und dir werden ältere Kinder in der Schule bald verkünden, dass du überhaupt gar keine Fähigkeiten hast. Koste es also aus, solange du noch vier bist.

 # Papi bei einer leeren Drohung ertappen

Papi sagt, man darf nicht lügen, aber manchmal tut er das selbst in Form der „leeren Drohung". Das ist immer dann, wenn er androht, dich schrecklich zu bestrafen, wenn du nicht ganz genau das tust, was er sagt – obwohl er in keinster Weise die Absicht hegt, das Angedrohte jemals zu vollziehen.

Hier sind ein paar Beispiele für landläufige leere Drohungen, die du vielleicht wiedererkennst:

* Leere Drohung Nummer Eins: „Wenn du jetzt dein Frühstück nicht aufisst, fahren wir nicht in den Urlaub."
  Die Wahrheit: Papi hat schon einen Haufen Geld für diesen Urlaub ausgegeben, bei der Arbeit frei genommen und ihr fahrt definitiv in einer halben Stunde ab – Frühstück hin oder her.

* Leere Drohung Nummer Zwei: „Wenn du jetzt nicht dein Zimmer aufräumst, ruf ich die Mama von Max an und sag ihr, dass du nachher nicht zum Spielen kommst."
Die Wahrheit: Papi hat sich längst zum Tennisspielen verabredet, sein Kumpel holt ihn nachher ab und du wirst zu Max gehen, ob dein Zimmer aufgeräumt ist oder nicht.

* Leere Drohung Nummer Drei: „Wenn du das jetzt nicht machst, ruf ich die Polizei."
Die Wahrheit: Natürlich wird Papi im Leben nicht die Polizei rufen. Mit ungeputzten Zähnen ins Bett zu gehen stellt kein Verbrechen dar, und Papi würde festgenommen werden, weil er die Zeit der Polizeibeamten verschwendet hat.

Sollte er irgendeine dieser Drohungen aussprechen, muss also Folgendes passieren:

1. Du sagst: „Dann mach doch."
2. Er sagt: „Okay, mach ich." Vielleicht greift er sogar zum Telefonhörer.
3. Es wird eine Konfliktsituation entstehen, in der ihr euch abwartend gegenübersteht.
4. Jetzt heißt es Ruhe bewahren; sei du nicht der Erste, der mit der Wimper zuckt.
5. Papi wird dir Gelegenheit geben, es dir anders zu überlegen.
6. Beweg dich keinen Zentimeter.
7. Papi wird schlussendlich einknicken und so etwas sagen wie: „Du bist unmöglich. Ab ins Auto jetzt."

Merke: Sieh dir Papis Gesicht aufmerksam an – Wird er nicht immer ein bisschen rot, wenn du ihn beim Flunkern ertappst?

101 Deinen ersten Schultag bestehen

Seit Wochen hat sich da schon was angekündigt. Man hat deine Haare geschnitten und deine Schuhe gewienert. Das kann nur eins bedeuten: Dein erster Schultag steht bevor.

Mami drückt dir einen Kuss auf die Backe. Papi tätschelt deinen Kopf und sagt, dass er stolz auf dich ist. Opa murmelt irgendwas von wegen, dass du keine echte Freiheit mehr genießen wirst bis zu dem Tag, an dem du in Rente gehst. Du gehst nervös über den Schulhof. Dein Lehrer zeigt dir, wo du deine Jacke aufhängen kannst und wo dein Klassenzimmer ist. Nach kurzer Zeit werden Mami und Papi gebeten, zu gehen.

Sie lächeln tapfer und kämpfen mit den Tränen, als sie aus dem Klassenzimmer gehen.

Du überstehst den Tag ohne Probleme. Es wird eine Geschichte vorgelesen und ihr bekommt eine Schale mit Sand zum Spielen. Außerdem verkleidet ihr euch und dürft ein bisschen draußen rumrennen. Es ist gar nicht mal so übel. Ehrlich gesagt beginnst du dich zu fragen, warum alle so viel Aufhebens darum gemacht haben.

Am Nachmittag kommst du fröhlich nach Hause und bist überaus zufrieden, dass du ein solch denkwürdiges Ereignis ohne Zwischenfälle gemeistert hast, und dass du jetzt wieder zur Normalität übergehen kannst. Abends merkst du dann plötzlich, dass Mami deine Butterbrotdose füllt und dir ein zweites gutes T-Shirt rauslegt. Du siehst sie verwirrt an und fragst: „Was? Muss ich da morgen wieder hingehen?"

Danksagung

Einhundert und ein Dankeschön gebührt meiner fantastischen Agentin Jane Villiers und dem super Team von Sayle Screen für ihren Rat und ihre gesamte Unterstützung, Venetia Butterfield von Viking für die Begeisterung, die sie von Anfang an für dieses Buch aufbrachte, Joe Berger für seine wundervollen Illustrationen und dem großartigen, engagierten Team von Penguin, ganz besonders Ellie Smith, Sarah Fraser und Kate Brotherhood.

Und schließlich möchte ich „unserer Kate" und all ihren prima Freunden danken, die die Inspiration zu diesem Buch lieferten – besonders Joe und Nate, Felix und Bobby, Anna und Lucy B, Lucy P und Billy, Genevieve und Gene, Martha und Noah, Ben und Beth, Ruby, Isabel, Maia und Nicholas.